L'ARCHITECTVRE FRANÇOISE DES BASTIMENS PARTICVLIERS.

Composée par M^c LOVIS SAVOT, Medecin du Roy, & de la Faculté de Medecine en l'Vniuersité de Paris.

Auec des Figures & des Nottes de M. BLONDEL, Professeur & Directeur de l'Academie Royale d'Architecture, & Maistre de Mathematique de Monseigneur le Dauphin.

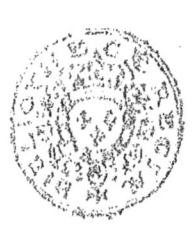 

A PARIS,

Chez { FRANÇOIS CLOVZIER l'aisné, à l'image Nostre-Dame.
PIERRE AVBOVIN à la Fleur de Lys, prés de l'hôtel de Monseigneur le Premier President, Cour du Palais.

M. DC. LXXIII.
AVEC PRIVILEGE DV ROY.

A MONSEIGNEVR COLBERT,
SECRETAIRE
ET MINISTRE D'ESTAT,

Sur-Intendant des Bâtimens, Arts & Manufactures de France.

ONSEIGNEVR,

Ie vous presente le Liure de l'Architecture Françoise de Sa-

ã ij

EPISTRE.

uot, quoy qu'il n'ait du mien que quelques notes & figures que i'y ay ajoûtées, Ie n'ay point balancé à me seruir du trauail d'vn autre pour faire quelque chose qui vous fût agreable. Ie vous demande l'honneur de vostre protection pour cét Ouurage, qui merite beaucoup par luy-mesme ; & i'ose dire qu'il y a peu de liures qui soient plus conformes à vos intentions. Vous trauaillez, MONSEIGNEVR, auec vne application & vn succés admirable à mettre l'Architecture dans son plus grand éclat, en faisant renaistre cette élegante maniere de bâtir des Anciens, dont il nous reste de si beaux monuments. Vous restablissez l'honneur & la bonne

EPISTRE.

foy parmy ceux qui s'exercent aux bastiments, & vous en bannissez cet interest sordide qui auoit mis la profession des Architectes en si mauuaise reputation. Depuis que le Roy a establi l'Academie d'Architecture, les regles de ce bel Art y sont publiquement enseignées, & les plus habiles Architectes du Royaume, qu'il a plû à sa Majesté de choisir, s'assemblent pour chercher les moyens de le perfectionner, & le traittent eux-mesmes noblement pour porter ceux de la mesme profession à suiure vn si bel exemple. C'est dans cet esprit que i'ay entrepris de faire réimprimer cet Ouurage: L'Auteur ne le mit au iour que pour instruire le pu-

EPISTRE.

blic dans les Bastiments, & luy donner quelque goust de la belle & bonne maniere de bastir : On void que son dessein estoit d'enseigner ce qu'il croyoit necessaire pour n'estre pas surpris dans les marchez, dans les materiaux, & dans la façon des Ouuriers. Mais comme ceux qui n'embrassent la profession de l'Architecture que par vn pur motif d'interest, ne manqueront pas de censurer cet Ouurage, & de faire tous leurs efforts pour le décrier ; Il a besoin, MONSEIGNEVR, d'vne protection aussi puissante que la vostre ; Ainsi i'ay pris la liberté de vous la demander, & de vous supplier tres-humblement d'agréer que ie me serue de cette occasion,

EPISTRE.

pour faire connoistre à tout le monde que ie suis auec une parfaite reconnoissance & un profond respect,

MONSEIGNEVR,

Voſtre tres-humble, tres-obeïſſant
& tres-obligé ſeruiteur,
BLONDEL.

AVANT-PROPOS.

LOVIS Sauot, Autheur de ce Liure d'Architecture, eſtoit du Bourg de Saulieu au Dioceze d'Autun en Bourgogne, né de parens honneſtes mais peu accommodez. Il vint à Paris au commencement de ce ſiecle dans la penſée de ſe faire Chirurgien ; mais il quitta ce deſſein pour eſtudier en Medecine, & il fut receu Bachelier en la Faculté de Paris l'an 1604. auec Monſieur Bouuart, qui a eſté depuis premier Medecin du feu Roy. Il eſt vray que ſon peu de bien l'empeſcha de profiter dans ſes eſtudes autant qu'il auroit pû faire : Neantmoins en 1609. il ſoûtint des Theſes, & l'année ſuiuante il prit ſa Licence. Pendant ce temps il compoſa deux petits Liures qui ont eu beaucoup d'approbation ; l'vn intitulé *Opinio noua de Coloribus*, & l'autre *Tetragonum* ſur l'Emetique, dont l'vſage commença

AVANT-PROPOS.

dés le siecle precedent, s'establit à l'entrée de celuy-cy, & fut fort en vogue en l'année 1633. à cause des cures extraordinaires qui furent faites par vn Medecin spagyrique appellé Semini, le nom duquel passa en Prouerbe, pour signifier vn dernier remede aux affaires desesperées. Ie ne sçay si ce fut par cabale ou autrement que Monsieur Sauot n'eut que le sixiéme lieu pour le Doctorat, & si le chagrin qu'il eut du peu de justice qu'on luy auoit rendu, l'empescha de prendre le bonet ; mais il est certain que par dégoust, ou par quelqu'autre motif, il ne s'adonna plus tant à l'exercice de la Medecine. La recherche des choses naturelles, comme des pierres, des terres, des métaux & d'autres curiositez, furent ses plus ordinaires applications : Ce qui me fait conjecturer que ces sortes d'estude l'ayant fort attaché à la lecture de Pline l'historien, les derniers chapitres de son histoire naturelle l'engagerent insensiblement à lire Vitruue, & ensuite les autres autheurs qui ont traité de l'Architecture. Par ce moyen il se rendit tres-habile dans

AVANT-PROPOS.

la science des Bâtimens, & il fut touché de douleur en voyant le mauuais traitement que quelques Ouuriers, ou par ignorance ou par malice, faisoient tous les jours à ceux qui estoient obligez de passer par leurs mains. Cette raison le porta par vn esprit de charité à composer ce Liure de *l'Architecture Françoise*, qu'il fit imprimer en l'année 1664. sans doute à dessein de donner au public assez de connoissance du détail des bâtiments, pour s'empescher à l'auenir d'estre si facilement trompé. I'apprens mesme que cet exemple porta quelque temps aprés vn de ses meilleurs amis, & son compagnon de Licence, appellé Monsieur Guibert, à composer *le Medecin Charitable*, pour donner aux pauures le moyen de se passer des remedes des Apoticaires. Aprés la recherche des metaux, Monsieur Savot se jetta dans l'estude des Mines & Minieres, & de là dans celuy des Monnoyes & des Médailles, dont il composa vn fort beau Liure qui fut imprimé en 1626. Il y traite entr'autres choses, cette question curieuse ; sçauoir si les Medailles estoient autrefois des monnoyes qui eussent cours,

AVANT-PROPOS.

ou s'il y auoit d'autres pieces qui feruiſſent à cet vſage. L'on m'a dit qu'il auoit fait encore vn autre petit Ouurage ſur *le Coloſſe Royal du Pont-Neuf*, & vne verſion du Liure de Galien ſur *la Seignée*, accompagné d'vn diſcours qui enſeigne pourquoy elle eſt ſi frequente à Paris. Voila ce qui concerne ſa Profeſſion & ſes Ouurages. Quant à ſa Perſonne & à ſes mœurs, il auoit vn air ſimple, bas & mélancolique; d'ailleurs il eſtoit homme de bien & conſideré pour ſa uertu. Il a veſcu plus de ſoixante ans, & comme il faloit qu'en 1604. lorſqu'il fut receu à l'examen pour eſtre Bachelier, il eut au moins vingt-cinq ans, on peut conjecturer que le temps de ſa naiſſance fut vers l'année 1579. & celuy de ſon deceds à peu prés vers l'année 1640. Il eſt mort à Paris au logis de feu Monſieur Moreau Docteur & Profeſſeur Royal en Medecine, qui eſtoit ſon meilleur amy, & l'on a trouué dans ſa chambre quantité de terres, de metaux, de Marcaſſites, de pierres, & d'autres curioſitez. C'eſt tout ce que j'ay pû découurir de cet Auteur.

AVANT-PROPOS.

Pour ce qui est du Liure qui fut imprimé pour la seconde fois en l'année 1632. On peut dire qu'il est d'vne grande vtilité, car il traitte auec methode de tout ce qui se doit sçauoir du détail des bâtimens : Il en donne les plus solides regles, & il fait soigneusement remarquer les fautes où l'on a acoûtumé de tomber. Outre ces preceptes il fait mille belles remarques sur les differentes manieres de fonder, sur le choix des materiaux, sur la façon & le temps de les mettre en œuure, sur les mesures des appartemens, des escaliers, des portes, des fenestres & des cheminées, & enfin sur toutes les parties des edifices des particuliers. Ensuitte il rapporte les Ordonnances, les Coûtumes & les Reglemens qui regardent cette matiere. Puis il fait vn grand dénombrement des diuers materiaux dont on se sert à Paris, des lieux d'où ils viennent, & de leurs prix; afin de pouuoir faire vne juste estimation de ce qu'vn bâtiment peut coûter. Il parle mesme des thoisez, des prix faits, & des clauses principales qui doiuent estre inserées dans les marchez : & enfin il donne vn petit Catalogue des meilleurs Liures

AVANT-PROPOS.
qui ont traitté de l'Architecture.

Mais comme cette matiere a beaucoup changé depuis le temps que cet Autheur a écrit, & que l'on a maintenant vn goust different de ce qu'il enseigne dans la pluspart des preceptes qu'il nous a laissez; j'ay crû que je rendrois vn seruice vtile au public, si j'ajoûtois en forme de nottes dans la suitte du Liure, ce que j'ay remarqué n'estre plus conforme à nostre vsage; je marque aussi en passant ce qui se pratique communément parmy nous, afin qu'on se puisse seruir vtilement de tant d'instructions excellentes que cet Autheur a ramassées & expliquées dans son Ouurage; Ainsi je me contente de rectifier seulement ce qui paroist auoir changé depuis le temps qu'il a écrit. Si je me suis vn peu plus estendu sur les mesures des escaliers, des cheminées, des allées d'arbres, & sur le prix des materiaux; c'est que je l'ay crû necessaire, à cause que les choses sont presentement fort differentes de l'ancien vsage. I'ay mesme ajoûté quelques Autheurs modernes qui ont écrit de l'Architecture, à ceux dont il nous a donné le Catalogue, & j'ay dit

AVANT-PROPOS.

mon sentiment en peu de mots sur les vns
& sur les autres: Enfin j'ay fait mettre à la
fin du Liure quelques memoires curieux
qui m'ont esté communiquez en partie
par Monsieur Bornat Architecte, & en
partie par d'autres personnes tres-intelli-
gentes qui ont eu la mesme intention que
moy de contribuer à l'vtilité publique, &
je les aurois nommez si leur modestie me
l'auoit permis.

TABLE
DES CHAPITRES
CONTENVS EN CE
preſent Liure.

Qv'il n'y a aucune profeſſion qui nous rende plus capables de l'Architecture, que celle de la Medecine: Diuiſion de toute l'Architecture en general. Chap. 1. pag. 1

Quelle partie d'Architecture doit eſtre ſeulement traittée en ce preſent diſcours. Chap. 2. pag. 6

Trois ſujets auſquels conſiſte tout le traitté des baſtimens particuliers, & premierement du lieu. Chap. 3. pag 8

De deux autres parties de l'Edification particuliere. Parquoy il ne ſera traitté que legerement des materiaux, & en quelles autres parties peut eſtre diuiſée celle qui contient la forme du baſtiment. Chap. 4. pag. 16

TABLE.

Du Deuis, & de la premiere partie d'iceluy. Chap. 5. pag. 21

De la position du bastiment, seconde partie du Deuis. Chap. 6. pag. 27

De la position des membres du bastiment. Chap. 7. pag. 33

De la forme ou figure du bastiment. Chap. 8. pag. 44

Des mesures du bastiment en general, tant en corps de logis simple que double. Chap. 9. pag. 49

Des mesures des pieces du bastiment, & premierement de l'entrée, & de la chapelle. Chap. 10. pag. 64

Des Caues. Chap. 11. pag. 67

De la Cuisine, Gardemanger, Salle du commun, & Fournil. Chap. 12. pag. 70

Des Montées & Passages. Chap. 13. pag. 73

Des Antisalles & Salles. Chap. 14. pag. 81

Des Antichambres, & Anticabinets, Chambres, Garderobes, & Arrieregarderobes. Chap. 15. pag. 90

Des Cabinets, & Arriere-cabinets. Chap. 16. pag. 98

Des Galeries, Armureries, & Librairies. Chap. 17. pag. 99

Des Estuues, & Bains. Chap. 28. pag. 102

Des

DES CHAPITRES.

Des Escuries. Chap. 19. 109
Des parties dont sont composez les membres du bastiment, & premierement des murailles & parois. Chap. 20. 112
Des Portes. Chap. 21. 126
Des Fenestrages, & Iours. Chap. 22. 130
Des Cheminées, & des moyens de les empescher de fumer. Chap. 23. 140
Des moyens d'esteindre facilement & promptement le feu qui s'est mis dans vne cheminée. Chap. 24. 155
Des moyens d'échauffer vne chambre auec moins de bois que de coustume. Chap. 25. 158
Des Voûtes. Chap. 26. 163
Des Planchers. Chap. 27. 165
Des Couuertures. Chap. 28. 171
Des dehors du bastiment, & des moyens de faire vn Echo artificiel. Chap. 29. 175
Des Sources, & Fontaines naturelles, des moyens de les trouuer, de conduire l'eau, la mesurer, & la faire couler. Chap. 30. 182
Des Fontaines artificielles, & de diuers & faciles moyens de faire monter & éleuer l'eau. Chap. 31. 191
De la Glaciere, & des moyens de conseruer la

TABLE.

glace & la neige. Chap. 32. 209

De la symmetrie de tout le bastiment, & des considerations que doit prendre le Maistre du bastiment auparauant que de le commencer. Chap. 33. 216

Qu'il faut sçauoir auparauant que commencer vn bastiment les seruitutes, pour éuiter procés & dommage, & d'où on le pourra apprendre. Chap. 34. 222

Extraict necessaire d'estre sçeu par tous ceux qui se meslent des bastimens du titre de la Coustume de Paris, des seruitutes, auec la conference des autres coustumes du Royaume, qui y sont conformes ou contraires, & quelques autres annotations sur le mesme sujet. Chap. 35. 230

Qu'il faut sçauoir à combien pourra reuenir à peu prés vn bastiment, auant que de l'entreprendre, & par quels moyens on le pourra connoistre. Chap. 36. 262

Le prix ordinaire à Paris pris pour exemple de la vuidange des terres massiues, des tranchées & rigoles, faits pour les fondations, comme aussi de la pierre de moillon & de taille, & de la nature des principales pierres dont on se sert à Paris. Chap. 37. 265

DES CHAPITRES.

Le prix ordinaire du plaſtre, de la chaux, & du ſable, & de ce qu'il y faut obſeruer. Chap. 38. 279

Le prix ordinaire du paué, des carreaux, & des bricques, & ce qu'il y faut obſeruer. Chap. 39. 283

Le prix ordinaire de la tuille, de l'ardoiſe, de la latte, de la contrelatte, & du clou, tant pour la tuille que pour l'ardoiſe, & ce qu'il y faut obſeruer. Chap. 40. 288

Le prix ordinaire du verre, du plomb, & du fer, & ce qu'il y faut obſeruer. Chap. 41. 295

Le prix ordinaire de la charpenterie, & de ce qu'il y faut obſeruer. Chap. 42. 305

Le prix ordinaire de la menuiſerie, de la peinture en couleur de bois, des trauées, croiſées, & portes, & de la natte. Chap. 43. 317

Du toiſé de la maſſonnerie, & charpenterie, & en quelle façon il ſe pratique. Chap. 44. 320

Autres moyens plus faciles que les precedents, mais non ſi exaɛts pour ſçauoir à peu près à combien peut reuenir vn baſtiment. Chap. 45. 331

De la peſanteur de diuers materiaux neceſſaire d'eſtre ſceuë. Chap. 46. 334

ẽ ij

TABLE DES CHAPITRES.

Delaration des principaux Autheurs, qui ont écrit non seulement de toutes les parties de l'Architecture, mais aussi de quelques-vnes d'icelles : à la plus grande partie desquelles le Lecteur a esté renuoyé en beaucoup d'endroits du present Ouure. Chap. 47. 338

TABLE
DE CE QVI A ESTE' AJOVSTE' A CETTE EDITION.

Memoire pour servir d'eclaircissement à certains articles de la Coustume de Paris, au titre des servitutes, afin d'éviter les contestations & difficultez qui arrivent tous les jours entre particuliers sur ce sujet. pag. 355

Estat de ce que contiennent la thoise, le pied, & le pouce. 374

La maniere & façon de thoiser les couuertures de thuilles, selon les Vs & Coustumes de Paris. 393

Thoisé d'ardoise. 396

La maniere de thoiser les bois aux Vs & Coustumes de Paris.

Du prix que la pierre de taille couste à tailler, & les libages à piquer quand on les fait faire par des Tailleurs de pierre. 401

Memoire des outils des Tailleurs de pierre &

TABLE.

Maſſons. 408
Du verre tant de France que de Lorraine, & de ſon prix, & comme il ſe vend. 409
Valeurs des vitres du petit Cloiſtre des Peres Chartreux de Paris en 1640. 416
Du paué de grés. 417
Thoiſe d'ardoiſe. 419
De la foüille des terres maſſiues, & de ce qu'elles peuuent coûter pour chaque thoiſe cube, & thoiſe courante, tant à piocher & à charger, & tranſporter à la hotte, & au tombereau, qu'à la jetter ſimplement ſur le bord du trou, ou de la fondation, pris par exemple ſur diuerſes experiences. 420

FIN.

EXTRAIT DV PRIVILEGE du Roy.

PAr Lettres Patentes du Roy données à Verſaille, le 5. Octobre 1672. ſignées DALENCE', & ſcellées du grand Sceau: Il eſt permis à PIERRE AVBOVÏN Marchand Libraire à Paris, de faire imprimer, vendre & debiter en tous les lieux de l'obeïſſance de Sa Majeſté, vn Liure intitulé, *L'Architecture Françoiſe de Loüis Sauot, auec de nouuelles augmentations & Nottes du Sieur Blondel, Conſeiller du Roy en ſes Conſeils, Mareſchal de Camp en ſes Armées, & Profeſſeur és Mathematiques de ſon Academie des Sciences, & de celle que Sa Majeſté a établie pour l'Architecture*; Et ce pendant le temps & eſpace du cinq années, à compter du iour qu'il ſera acheué d'imprimer pour la premiere fois: Auec défenſes à toutes perſonnes de quelque qualité & condition qu'elles ſoient d'imprimer, vendre & diſtribuer ledit Liure ſous quelque pretexte & en quelque maniere que ce ſoit, ſans le conſentement dudit Expoſant, ou de ceux qui auront de luy, à peine de quinze cens liures d'amende, de tous dépens, dommages & interefts, comme il eſt plus amplement porté eſdites Lettres, qui font tenuës pour bien & deuëment ſignifiées en vertu du preſent extrait.

Et ledit PIERRE AVBOVÏN a fait part deſdites Lettres de Priuilege à FRANÇOIS CLOVSIER l'aiſné, ſuiuant l'accord fait entr'eux.

Regiſtré ſur le Liure de la Communauté ſuiuant & conformement à l'Arreſt du Parlement du 8. Auril 1663. Fait à Paris ce 13. Decembre 1672.

Signé D. Thierry, Syndic.

Acheué d'imprimer pour la premiere fois le 12. d'Aouſt 1673.

L'ARCHIT.

L'ARCHITECTVRE FRANCOISE DES BASTIMENS PARTICVLIERS.

Qu'il n'y a aucune profession qui nous rende plus capables de l'Architecture, que celle de la Medecine : Diuision de toute l'Architecture en general.

CHAPITRE PREMIER.

IL n'y a aucune profession en laquelle plus de parties soient necessaires, pour la dignement exercer, qu'en l'Architecture : Car si nous deuons croire

A

celuy, à l'authorité duquel tous les meilleurs maiſtres meſmes deférent, nous trouuerons que l'Architecte ne doit ſeulement auoir vne legere teinture de la notion de toutes les ſciences, mais eſtre imbu pleinement de celle de la Philoſophie, & des Mathematiques: Ce qu'il nous faudra auoüer, ſi nous venons à conſiderer, que tous les meſtiers, ou arts méchaniques ſe peuuent diuiſer en deux genres: le premier, qui conſiſte à preparer les matieres, & étoffes; & le ſecond à les façonner, tailler, & ageancer. Que la pluſpart de tous les deux ſert à l'Architecture, ſoit pour la ſtructure, ſoit pour l'ornement d'vn baſtiment, & que ce premier requiert vne notice de la qualité, nature, & difference des matieres, ce qui appartient à la Phyſiologie, ou ſcience des cauſes naturelles, & l'autre, la connoiſſance des mesures, formes, & proportions, ce qui dépend entierement des Mathematiques. C'est pourquoy ces deux sciences estans plus necessaires à la Medecine qu'à aucune autre, il n'y a personne d'aucune profession, qui puisse estre plûtost capable de l'intelligence de l'Architecture *a* que le Medecin bien instruit en ces deux sciences fondamentales de son art. Celuy aussi qui l'a amenée au plus haut point où elle a pû estre iusques à present, & qui pour son eminent sçauoir a esté honoré par l'antiquité mesme, du titre de tres-diuin, n'a ignoré cét art, y ayant esté instruit par son pere, qui faisoit profession

a Cecy ne s'est jamais si bien connu qu'à present, que les plus magnifiques Ouurages des Bastimens du Roy, se font sur les desseins de Monsieur Perrault Docteur en Medecine, qui nous a donné vne excellente traduction de Vitruue, dont il a heureusement expliqué les endroits les plus difficiles, & par des conjectures judicieuses & des Notes sçauantes, il a trouué du sens aux passages, ausquels les autres interpretes n'auoient osé toucher.

de cette noble science: laquelle nôtre Vitruue diuise en trois parties principales, sçauoir en l'Edification, la Gnomonique, & la Mechanique, ou art de l'Ingenieur.

L'edification est vne partie qui traitte des bastimens, lesquels sont ou sacrez, ou profanes: & tous deux ou publics, ou particuliers.

Les publics sacrez, sont Eglises, Chapelles, maisons de Religieux, & Hôpitaux.

Les particuliers, sont hermitages, & sepultures.

Les profanes publics, sont destinez, ou pour la défense, ou pour la commodité.[a]

Ceux de défense, sont villes, citadelles, & forts.

---

[a] Ie m'estonne qu'il ne dit rien de ceux qui sont consacrez à la magnificence, comme les Arcs & les Colonnes triomphales, les Obelisques, les Pyramides, &c. ou au plaisir, comme les Amphitheâtres, les Theâtres, les Portiques, les Bains, les Promenoirs, les Xistes, les Cirques, & mille autres.

Les lieux de commodité, sont ruës, & chemins, ponts, ports, quaiz, écluses, aqueducs, puits, fontaines, halles, hostels de villes, lieux de plaidoiries, chambres de compagnies, & colleges, arsenals, magazins, conciergeries, & prisons.

Les bastimens particuliers consistent en ce qu'il faut pour loger vn Souuerain, vn Seigneur, vn Bourgeois, & vn homme des champs.

La Gnomonique est la seconde partie d'Architecture, laquelle sçait representer par diuers instrumens, tels que sont astrolables, & horloges, les mouuemens des spheres celestes, ensemble leurs positions, & aspects mutuels.

La Méchanique est la troisiéme & derniere partie, qui traitte des machines, & engins de mouuement, force, & dexterité, comme leuiers, balances, polions, vis simples, & composées, ou sans fin, pompes, roües & grües, & de la forme des outils, & ouurages presque de tous les arts, & métiers.

Quelle partie d'Architecture doit estre seulement traitée en ce present discours.

CHAPITRE II.

JE ne traitteray des deux dernieres parties, ny de la premiere, en ce qui appartient aux bastimens sacrez, & aux profanes, qui sont publics, parce que plusieurs Autheurs ont traitté amplement de la plus grand' part de tels sujets, & qu'on s'employe si peu, & rarement en la structure de tous, que le discours qu'il conuiendroit faire de la grosseur d'vn iuste volume pour la multitude de tant de differentes parties, seroit de baucoup de labeur, & de peu d'vtilité.

Reste donc seulement ce qui concerne les bastimens particuliers, desquels dautant qu'ils sont plus en vsage en tout temps, & qu'ils ont esté plus sterilement exprimez des Architectes que nuls autres, j'ay pris, pour ces deux considerations principales, sujet d'en dresser le discours suiuant : mais de telle sorte, que ie ne toucheray qu'en passant ce que ie verray auoir esté dit par autres, & lors encores seulement quand la necessité, & la suite du discours m'y contraindront.

Trois sujets ausquels consiste tout le traitté des bastimens particuliers, & premierement du lieu.

CHAPITRE III.

TOut ce traitté sera compris en la consideration du lieu, des materiaux, & de la forme, ou figure de l'ouurage, & bastiment. Il faut considerer au lieu, s'il est en la campagne, ou aux villes, & en tous ces deux, la salubrité, la solidité, la commodité, & la beauté : & encores en la campagne, si elle n'a iamais esté habitée, ou s'il a eu quelques habitans. Il vaut toûjours mieux bastir en vn lieu habité, qu'en celuy où personne n'a encores fait aucune demeure : dautant qu'entre autres raisons, on est asseuré des qualitez, & conditions, & de la salubrité, ou insalubrité du lieu habité par l'experience, qui est toûjours certaine : mais on ne reconnoist celles de l'autre, où personne n'a encores residé, que par ratiocinations, & signes coniecturels, qui trompent le plus souuent.

Neantmoins si par quelques affections, ou considerations particulieres on veut bastir en vn lieu non encores cultiué, on reconnoistra la salubrité de la region par l'air, & les eaux, mais principalement par les eaux : à cause que l'air est continuellement emporté, & changé par les vents, & de soy-mesme encor, d'vne contrée en vne autre ; lequel changement ne peut arriuer aux eaux. On s'asseurera de la bonté, ou vice de l'vn, & de l'autre, par le rapport du Medecin, ou la lecture des Autheurs qui ont écrit sur ce sujet.

Mais pour dire quelque chose de

la bonté des eaux sommairement; Il faut pour estre bonnes & saines, qu'elles partent d'vne source qui ne tarisse iamais, qu'elles soient sans aucune couleur, odeur, ny saueur, sans aucune residence au fond estant reposées, ou éuaporées, & sans qu'elles laissent & impriment aucune tache ny marque dans les vaisseaux dans lesquels elles seront reposées ou éuaporées, & qu'elles cuisent aisément & promptement les legumes; sans s'arrester à les peser, dautant que toutes eaux propres à boire ne different point ou si peu en poids, que la difference est presque imperceptible; en quoy beaucoup se trouuent trompez, pensant reconnoistre leur diuersité en bonté par celle de leurs poids.

Ie reserue à traitter de la solidité au chapitre, où il sera discouru de la structure des murs, & parois du bastiment.

On baſtira commodement, ſpecialement aux champs, ſi le lieu eſt fertil, abondant aux principales commoditez de la vie, & en materiaux propres à baſtir: s'il a bon voiſinage, s'il eſt proche d'vne bonne riuiere, & d'vn bois à chauffage; non trop eſloigné, ny trop prés des villes, & grands chemins, pour éuiter l'importunité des viſites trop frequentes, qui n'apportent au Maître ordinairement que de la dépence, & de l'incommodité.

Il conuiendra à meſme effet aſſeoir, tant le baſtiment, que ſon pourpris, en vn lieu plain, ferme, & non boſſu, ny raboteux, & auquel les fondations ne ſont mal-aiſées à foüiller; ny trop profondes, pour éuiter la ſuperfluité de la dépence. Pour cette meſme raiſon, on doit éuiter à ſituer le baſtiment en vne place de grand prix; à cauſe qu'apres la besongne faite, la dépence qui a esté faite pour tous ces sujets, ne paroist point.

Il sera à propos aussi de choisir l'endroit le plus aride du terroir, s'il est hors des incommoditez susdites, afin de n'employer la partie propre à rapport, en places qui ne peuuent estre cultiuées : Ioint que le terroir sterile se peut aisément, & sans beaucoup d'incommodité amender par art, & culture, estant aux enuirons du bastiment.

L'assiette sera agreable, si elle est en vn lieu sec, pour la commodité des pourmenoirs, & aduenuës : si elle est vn peu éleuée, bornée de montagnes d'vn costé, à quelques trois lieües loin, & d'autres à perte de veüe, ayant son paysage diuersifié de plaines, & collines, de forests, riuieres, prairies, terres labourables, vignes, villes, villages, & hameaux.

FRANÇOISE.

Pour le choix des lieux habitez, on aura égard, outre les obseruations precedentes, à l'esprit, au naturel, & à la santé des habitans, s'ils sont lourds, ou subtils, estourdis, ou considerez, & retenus, lâches, ou courageux, sains, ou valetudinaires, à quelles maladies ils sont sujets, & s'ils viuent peu, ou beaucoup. Car le Ciel, & le terroir sont de grand poids à toutes ces affections, & dispositions : Quelques superstitieux croyent encores, qu'il y a certaines demeures qui portent bon-heur ou mal-heur à leurs habitans, en attribuant la cause auec les Platoniciens au Genie du lieu, ou auec les Iudiciaires, à l'horoscope, sous lequel le lieu a esté premierement habité, ou basty : Mais l'homme Chrestien, & de bon jugement rejettera toûjours telles impietez, & fantasies de ceruelle creuse.

Quant aux baſtimens des villes particulierement, on ne peut auoir le lieu ſalubre, ſi on choiſit ſa demeure proche des cloaques, & places immondes, & en vne ruë eſtroite, ou habitée par gens de métiers ſordides.

L'aſſiette ſera commode, ſi elle eſt eſloignée de la demeure des artiſans qui font beaucoup de bruit en leurs métiers ; comme Armuriers, Chaudronniers, Menuſiers, Mareſchaux, & autres ſemblables : Si on n'eſt trop prés des Egliſes, de peur du bruit des cloches, ny trop loin, pour l'incommodité du chemin : ſi on eſt proche de ſes parens & meilleurs amis, de l'eau, du marché, des lieux d'affaires, & ſi le logis eſt ſitué en vne ruë large, & ſpatieuſe, tant pour la commodité des jours, & de l'aſpect ou veuë du baſtiment, que pour celle du paſſage, auenuë, & entrée des caroffes.

Elle fera belle, & agreable, fi elle eft fur le front d'vne grande place, ou au bout d'vne grande ruë, droite, & large, autant que tout le front du logis, regardant directement, & en face tout le long de cette grande ruë, & fi outre-ce, elle peut auoir fes veuës de l'autre part fur la campagne.

Les nobles baftimens, outre ce que deffus, deuroient encores eftre ifolez, c'eft à dire détachez, & feparez des autres de toutes parts, & auoir iffuës fur ruës de tous leurs coftez, comme ils l'auoient anciennement, & l'ont encores à prefent en Italie, tant pour l'incommodité du feu, & du mauuais voifinage, que pour la commodité de leurs jours, entrées & iffuës.

De deux autres parties de l'Edification particuliere. Pourquoy il ne sera traité que legerement des materiaux, & en quelles autres parties peut-estre divisée celle qui contient la forme du bastiment.

CHAPITRE IV.

PArce que mon dessein n'est de redire ce qui a déja esté dit par d'autres, le sujet des materiaux à bastir ayant esté touché par plusieurs, je passeray ce discours, pour venir à ce qui est de la forme, & figure du bastiment : Ce que pour declarer auec plus de facilité, je diuiseray en trois parties, sçauoir au trait, au deuis, & en l'ornement.

I'entens en ce lieu par le deuis, vne description, & discours de toutes les appartenances, & membres d'vn bastiment,

bastiment, de la position, & forme tant d'iceluy, que de ses pieces, & appartenances, & outre ce, des mesures, & proportions, tant de ces pieces, & appartenances, que de toutes les parties d'icelles.

Le trait est l'art de tracer les pierres, pour estre coupées, & taillées, hors leurs angles quarrez, afin d'en composer des portes & voûtes biaisées, des portes & voûtes sur le coing & sur vne tour ronde, des trompes, trois entrées en vne seule, la viz sainct Gilles, *a* celle des Tuilleries, & autres pieces biaisées.

L'ornement consiste en l'embellissement des parties du bastiment,

---

a C'estoit vn grand escalier à vis fait à jour en ouale, bâti autrefois par Philibert de l'Orme d'vn dessein & d'vn ouurage admirable, qui a esté rompu depuis quelques années pour faire place au passage que l'on a fait de la Cour au Iardin du Palais des Tuilleries.

a par le moyen principalement des cinq ordres de colomnes, & des ouurages de sculpture.

Pourquoy il ne sera rien dit du trait ny de l'ornement.

DAVTANT que ce qui est du trait & de l'ornement, a esté enseigné par les Architectes, *b* & que la connoissance de ces deux parties appartient plus aux Maçons, ou

a Le goust du temps dans lequel cét Auteur a écrit, c'est à dire il y a 30, à 35. ans, estoit de remplir les façades des bâtimens, non seulement de Colonnes & de Pilastres, mais mesmes de cartouches, de masques, & de mille autres ornemens composez de Grotesques bigearres; Et l'on n'auoit pas encore les yeux accoûtumez à cette beauté naturelle & simple de la belle architecture, qui contente par la seule symmetrie ou juste rapport des parties les vnes aux autres & à leur tout, & par le meslange correct des ornemens propres & mis à propos, qui nous donne tant de plaisir à l'aspect de quelques-vnes de ces augustes ruines de l'antiquité.

b Ce sentiment est vne suite de l'ignorance pitoyable des derniers temps pour la belle Architecture, dont le nom n'estoit à peine connu que parmi les Ouuriers, qui ne trauaillant que pour s'enrichir par toutes sortes de voyes, nous ont laissé des bâtimens qui n'ont ny solidité ny beauté, remplis de mille vilains ornemens appliquez sans jugement & sans ordre. Mais aujourd'huy nostre Auguste Monarque Louïs le Grand, fasché que l'A-

FRANÇOISE.

Tailleurs de pierres, & Sculpteurs; qu'au Maistre du bâtiment, celuy qui aura vne curiosité particuliere de connoistre ce qui est de ces deux sujets, la pourra contenter par la lecture des Autheurs qui s'y sont employez, ayant presque tous escrit des cinq ordres de colonnes,

chitecture, qui peut laisser à la posterité des monumens eternels de la grandeur de son ame, demeurast engagée sous le faix de l'ignorance & de la sordide auarice des Ouuriers, dans vn temps où sa liberalité fait renaistre ce qui a jamais esté de plus éclatant dans les autres Arts ; ne s'est pas contenté d'enuoyer des gens habiles dans les Païs où l'on voit encore quelques vestiges de la grandeur des Romains ou des Grecs, afin d'en apporter des desseins pour seruir à former le goust de la bonne Architecture ; Mais mesme sa Majesté a estably vne Academie à Paris où les regles de cét Art sont publiquement enseignées auec les parties de Mathematique qui sont necessaires aux Architectes ; Conuiant les personnes de merite & de condition de s'appliquer à cette science ; proposant des prix & des recompenses à ceux qui s'en rendront capables, dont Sa Majesté entend se seruir dans la conduite de ses bâtiments ; Et ordonnant aux plus habiles Architectes de son Royaume, qu'elle a choisis pour ce sujet, de s'assembler à certains jours afin d'examiner & resoudre les difficultez qui peuuent naistre sur cette matiere. D'où l'on doit attendre que l'Architecture sortira bien-tost (comme on dit) de la Truelle, & de l'ordure du vilain interest ; & que ne trauaillant que pour la Gloire, elle fera voir de ses Ouurages, qui rendront insupportables à la veüe la plus grande partie de ceux qui ont esté faits par le passé.

B ij

desquelles dépend tout ce qui regarde les ornements; *a* mais ie n'ay trouué que Philibert de l'Orme, parmy eux tous, qui aye enseigné aux Tailleurs de pierres les preceptes du trait. Il n'est donc besoin à mon auis que i'ennuye le Lecteur par vn discours qu'il pourra auoir veu fort amplement touché ailleurs : Ioint que mon dessein, en ce traité, tend principalement au contentement, & seruice des Maistres, & Seigneurs qui font bâtir, *b* qui ne se soucient la pluspart de la science de ces deux parties, les Maistres Maçons y estans suffisamment entendus.

a Il a paru, depuis cet Autheur, diuers Ouurages sur la [Coup]e des pierres, comme vn petit in folio d'vn nommé Ioum[...] in fol. du [...] qu'il appelle, *Les Secrets d'Architecture*; vn grand [...] Iesuite, dont les Ouuriers s[e] seruent le plus; & le Liure sçauant de Mr Dezargues, qui enseig[ne] vne maniere vniuerselle du trait. C'est vne matiere tresbelle de soy, inconnuë aux Anciens, qui ne me paroist pas encore suffisament éclaircie, & qui meriteroit que quelque personne sçauante en Mathematique y voulut mettre la main à bon escient.

b Ce peu d'application que l'on auoit pour l'Architecture, & la confiance aueugle que l'on a donnée aux

Du Deuis, & de la premiere partie d'iceluy.

CHAPITRE V.

POVR venir donc à ce qui eſt du Deuis, puis qu'il ne reſte que ce ſujet ſeul à traitter, ie le veux, pour le declarer auec plus de methode & de facilité, partager premierement en quatre parties contenuës en ſa deffinition, ſçauoir au departement, en la poſition, la forme, & les meſures ou ſymmetries: puis d'icelles parties traitter diſtinctement, & par ordre.

Le departement n'eſt autre choſe que l'ordonnance, & deſcription

Ouuriers, a remply le Royaume d'vne infinité de procez qui ont ruiné pluſieurs familles ; juſque-là que pour y apporter quelque ordre, & pour empeſcher les tromperies & les cabales des Entrepreneurs, il a falu chercher des Experts hors de leurs Corps pour eſtimer leurs ouurages.

des membres, pieces & parties dont est composé vn bâtiment, lesquelles sont en plus grand, ou plus petit nombre, suiuant la difference des personnes pour lesquelles on bâtit.

Il n'est pas possible de décrire tout ce qu'il faut pour loger vn grand Prince, vne grande Ville n'y seroit pas quelquefois suffisante : Et comme l'estenduë de sa souueraineté ne se peut borner que par sa mort ; aussi la grandeur de sa Cour, & par mesme moyen de son palais, & du logement de ses Officiers, ne peut receuoir de description. Tellement que les logis des grands Roys[a] ne sont iamais tels que l'Architecte les voudroit ordonner, mais

---

[a] Cet Autheur impute à tort au déreglement des volontez des grands Princes, ce qui ne vient que de l'incapacité de la pluspart de ceux qui se disent Architectes, qui ne pouuant pas conceuoir d'eux-mesmes vne idée assez parfaite de toutes les parties qui entrent en la composition d'vn bâtiment Royal, ny produire des desseins

seulement comme il a plû à eux-
mesmes se les vouloir prescrire :
Estant presque autant déraisonna-
ble de les assujettir à certaines mesures, que de leur vouloir donner des
loix, & borner leurs puissances.

Les pieces, parties, & appartenances qui peuuent entrer en la composition des bâtimens particuliers,
sont vestibules, chapelles, antisalles,
salles, antichambres, chambres, garderobes, arriere-garderobes, souspentes ou entre-soles; anticabinets,
cabinets, arriere-cabinets, galleries,
librairies, armureries, caues, celiers,
salles du commun, cuisines, garde-

assez magnifiques pour répondre à la dignité de ceux pour qui ils trauaillent ; Ce n'est pas merueille si les Princes sont le plus souuent obligez de les redresser & de leur pres- crire des mesures ausquelles ces Architectes n'auroient ja- mais pensé. Ce qui n'arriue pas aux veritables Archi- tectes, qui par la noble estenduë de leur esprit, & par la fecondité & la magnificence de leurs inuentions, s'aquie- rent bien-tost la creance auprés des grands Seigneurs, qui se trouuent heureux de les auoir, & de voir éleuer sous leur nom des edifices qui consacreront leur memoire aux siecles auenir.

mangers, sommelleries, fournils, boulangeries, buanderies, greniers, fenils, escuyeries, places à retirer carosses, litieres, & chariots, chenils, vollieres, terrasses, puits, fontaines, grottes, parterres, jardins, vergers, basse-courts auec leurs parties, comme granges, pressoirs, celliers, caues, colombiers, vollieres, escuyeries, estables, laicteries, buchers & hangards, ieux de paulme, jeux de paille-maille, carrieres, routes, parcs, garennes, canaux, viuiers, tortuaires, & estangs.

Les Princes & Seigneurs les plus grands, auront leurs maisons, principalement aux champs, non seulement composées de chacune de toutes ces pieces, mais mesme de plusieurs de quelques-vnes d'icelles, iusques à en auoir de particulieres, & distinctes pour chacune saison de l'année, suiuant l'auis du splendide & delicieux Romain, qui vouloit que la condition de l'homme ne fut inferieure en cette partie à celle du reste des animaux, lesquels cherchent, & se forment suiuant la diuersité des saisons, diuerses demeures.

Les autres inferieurs en qualité, iusques aux Bourgeois, choisiront parmy tout ce dénombrement les pieces dont ils verront auoir besoin, & qu'ils pourront commodement faire bastir, pour en dresser, ou faire dresser par vn Ingenieur & adroit Architecte vn corps de bâtiment, suiuant les regles & symmetries qui en seront declarées cy-apres : Car de determiner à vn chacun ce qui luy appartient, outre ce que l'entreprise iroit à l'infiny, elle ne se pourroit executer possible à l'égard de quelques-vns sans les offenser.

Les Marchands & Artisans, outre quelques-vnes des pieces precedentes, ont besoin de boutiques, arriere-boutiques, magasins, & autres membres, pour retirer leurs marchandises : Mais dautant que chacun d'eux sçait les formes, mesures, & proportions que doit auoir chacune de ces parties, suiuant leur besoin, qualitez, & facultez; ce seroit perdre le temps, & du papier d'y employer du discours.

Ce qui est necessaire pour le logement du fermier, & paysan est assez particularisé, & exactement décrit au discours des basses-cours, desquelles ie ne doit faire que peu ou point de discours, pour auoir esté ce sujet assez expliqué par plusieurs, qui ont écrit de la maison, & chose rustique, & particulierement par le Sieur de Serres en son Theatre de l'agriculture.

Les principales pieces d'vn bâtiment sont murailles, & clostures, entrées, & portes, iours, & fenestrages, cheminées, voûtes, planchers & couuertures: De toutes lesquelles ie traitteray, non seulement auec les membres qu'elles composent, mais aussi par discours particulier à chacune d'icelles.

De la position du bastiment, seconde partie du Deuis.

Chapitre VI.

LA position est vn plan du logis en general, & en particulier de chacune de ses pieces, suiuant l'aspect de certaines regions du Ciel, & vn adjancement de chacune piece auec celle qui luy est commode.

Vitruue veut que le bastiment soit planté, & orienté de telle sorte, que ses quatre encognures soient directement opposées aux quatre vents cardinaux, afin que ces quatre vents, qui font les plus impetueux de tous, ne puiffent frapper qu'obliquement, & de biais les fronts & faces du baftiment, & que leur effort portant contre les angles feulement foit par ce moyen rompu, diuifé & diffipé.

Si le logis eft percé de part & d'autre, l'Architecte ne fe doit foucier, quant à ce qui regarde la commodité de l'afpect du Ciel, vers quelles parties du monde il tournera fon baftiment, ains fe doit feulement accommoder à l'affiette du lieu : Car fi l'vn des afpects eft mauuais, l'autre qui luy eft oppofé fera bon & falubre. Que s'il arriue quelque extraordinaire intemperie de l'air de l'vn des coftez, ou quelque autre incommodité, on s'en peut aifément garantir, fermant les feneftres de ce costé, & prenant le iour de l'autre, pour cette fois.

Quand le bastiment ne peut auoir veuë que d'vn endroit, ce qui arriue toûjours aux corps de logis & pauillons doubles, & souuent en toutes formes de bastiment aux villes, quand ils ne sont isolez. Si on a diuers logemens, selon la diuersité des saisons, ceux pour l'Esté regarderont l'Orient ou le Septentrion, mais principalement le Septentrion, aux regions intemperées en chaleur, ceux de l'Hyuer seront disposez au contraire.

Les chambres qui sont tournées à l'Occident, les rendent en Esté trop chaudes la nuict, si bien qu'on n'y peut dormir que mal-aisément, & auec beaucoup d'inquietude & d'incommodité pour la santé: Celles au contraire qui ont l'aspect de l'Orient, ont cette commodité l'Esté, qu'elles n'ont de la chaleur, que le matin, laquelle n'est pas grande, ny incommode en ce temps, & de la fraîcheur tout le reste du iour, & toute la nuict, laquelle ne peut estre qu'agreable & salubre en ces deux temps.

Si on n'a qu'vn seul appartement, ou si en ayant plusieurs, ils n'ont tous qu'vn mesme aspect, on le choisira aux regions chaudes, quand on le peut, du costé de l'Orient d'Esté, ou du Septentrion : par ce que les froidures n'estans pas grandes en tels climats l'Hyuer, leur intemperie se peut aisément corriger par art, estant plus facile d'échauffer, que de rafraîchir.

Aux pays froids l'aspect du Midy est sain, commode, & agreable, dautant que sa chaleur tiede en celles contrées rend les corps plus puissants, les personnes plus vigoureuſes, le dehors du logis plus riant & le dedans plus éclairé.

Il faut auſſi remarquer, que le Maiſtre du logis eſtant d'aage, ſe porte mieux en vne maiſon ſituée au Midy; & s'il eſt ieune, en celle qui eſt percée du coſté du Nord: Car les vieillards ſe portent toûjours mieux en vn air chaud, que froid, & les ieunes en vne conſtitution contraire: S'il eſt d'aage mediocre, ſon logis regardera l'Orient d'Hyuer, par ce que cette partie a peu de Soleil l'Eſté, & beaucoup l'Hyuer.

Le principal corps du logis doit eſtre toûjours directement oppoſé à l'entrée principale, l'auoir en face, & ſa veuë par deuant ſur vne belle court, & par le derriere ſur quelques parterres, iardinages, vergers, & boſquets: Ce que feront auſſi les autres corps de logis, quand il ſe peut, fors aux champs celuy qui est destiné pour le logement des officiers, ou serviteurs : Car il doit auoir sa veuë sur la basse-court, tant pour prendre connoissance de la conduite d'icelle, que pour la pouuoir défendre en temps de necessité.

On a accoûtumé en France de laisser la face de l'entrée en terrasse, pour donner vn aspect plus agreable, & plus découuert, & rendre la court plus aërée, & égayée du Soleil. Telle situation de terrasse est bonne aux champs seulement, quand le bastiment est reuestu de fossez : *a* Mais elle ne doit estre pratiquée dans les villes, de peur de rendre l'accés du logis trop facile aux voleurs de nuict, & le principal lo-

---

a Cette exception est bonne pour les maisons qui sont dans des ruës ordinaires, & qui ont d'autres logemens au deuant; mais si elles sont sur vne place, sur vn quay, ou vis à vis d'vne ruë, l'on peut laisser la face de l'entrée en terrasse, ainsi qu'il se voit en diuers lieux à Paris.

gis trop sujet aux bruits de la ruë, & à la veuë d'vn mauuais voisin.

De la position des membres du bastiment.

CHAPITRE VII.

LEs anciens Romains, desquels nous tenons tout ce que nous auons de plus auguste aux bastiments, auoient à l'entrée de leur logis des places, qu'ils appelloient vestibules, pour retirer à couuert ceux qui estoient contraints d'attendre à leurs portes. Les Italiens ont encores auiourd'huy quelque chose de semblable, qu'ils appellent loges, qu'ils placent non seulement sur le deuant du logis, mais aussi sur la partie posterieure, mesme sur les deux autres costez, ce qui donne beaucoup de grace à vn logis, & sert de passage & commodité, soit pour s'y promener, ou y manger l'Esté, en celles principalement qui ont leurs regards sur les iardinages. Cette disposition de logement ne se peut pratiquer commodement aux corps de logis simples, pour n'estre bien propre qu'à ceux qui sont doubles : C'est pourquoy les Italiens, qui ne bastissent gueres que des logemens doubles, ont fort en vsage ces loges ou petites galeries.

La chapelle sera tournée à l'Orient, si on le peut facilement, n'estant besoin de s'astraindre à cette sorte de position. Elle sera assez commodement située, si elle est proche la porte premiere du logis, ou bien quelque autre entrée principale, pourueu que le Maistre y puisse aller à couuert, sans passer par d'autres appartemens que le sien.

Elle seruira particulierement en cét endroit, pour se resouuenir de faire ses prieres tant à l'entrée qu'au sortir du logis. Quoy que ce soit, en quelque partie qu'on la loge, soit en l'estage inferieur, ou superieur, il ne faut pas que les femmes logent ny au dessus, ny au dessous. L'autre costé de la porte pourra seruir pour le logement du portier, ou pour y faire vn corps de garde s'il en est besoin. Si en ces deux endroits on ne designe ny chapelle, ny porte, ou corps de garde on y pourra situer vne volliere,[a] par ce qu'elle sera posée directement à la veuë du principal corps de logis.

[a] Nous n'auons gueres d'exemple que l'on mette des vollieres dans la cour auprés de la porte, & ie crois qu'elles seroient peu seures & de peu de plaisir en cét endroit à cause du bruit de la cour & des insultes des laquais.

Les salles doivent estre proches des entrées, & montées principales de la chambre, & du cabinet principal. Il en faut deux au moins en la maison d'vn grand Seigneur, l'vne pour y receuoir les personnes de qualité, & l'autre pour y retirer leurs seruiteurs, & encore vne troisiesme pour les plus grands, qui soit grande, & ample, pour y faire festins, bals, & balets & grandes assemblées. Traittant des membres qui doiuent accompagner la salle, i'ay assez donné à entendre en quel lieu doit estre situé le principal cabinet, sans qu'il soit besoin d'en parler dauantage : Ie diray seulement en passant, qu'il doit auoir son aspect sur les iardinages, au Septentrion, ou à l'Orient, quand on le peut facilement : par ce que cette piece n'appartient qu'à vn Grand, il luy sera facile de corriger par art l'incommodité qu'il y pourroit reſſentir pendant les rigueurs du froid.

Toute chambre doit eſtre accompagnée d'vne garde-robe au moins, & avoir ſes veuës à l'Orient, s'il eſt poſſible, pour les raiſons qui en ont eſté déduites cy-deuant.

Les antiſalles, anticabinets, arrierecabinets, antichambres, & arrieregarderobes, ne ſont conuenables qu'aux plus grands Seigneurs. Leur aſſiette s'entend aſſez par la ſignification de leurs noms, ſans en faire dauantage de diſcours. Les entreſoles, & ſoûpentes ne ſe pratiquent qu'aux eſtages fort exhauſſez, & aux petits lieux.

Or il faut noter que le cabinet, & chambre principale d'vn Seigneur, doiuent touſiours auoir aupres quelque eſchappée ſecrette, ſoit par vne montée, ou entrée en d'autres chambres, desquelles il puisse sortir quelquefois sans estre apperceu de ceux qui attendent, comme aussi la garderobe, pour la descharge & transport de ce qui luy est necessaire.

Il semble que les François ont esté les premiers autheurs des galeries : car il y a de l'apparence de croire que cette piece aye ainsi esté appellée de leur nom, neantmoins les autres nations s'en servent auiourd'huy. Elle regardera si l'on peut l'Orient d'Hyuer, & aura à l'entrée vne montée ou passage pour ne la rendre suiette, & à l'autre bout vn cabinet.

Les Librairies, & armureries, & generalement tous lieux destinez à la conservation de quelques meubles doivent prendre leurs iours, & ouuertures du costé du Septentrion, dautant que la temperature de l'air de cette region ne peut corrómpre, ny alterer aucune chose, au contraire, l'aspect du Midy, pour estre tantost auec Soleil, tantost sans Soleil, tantost chaud, tantost froid, quelquefois auec pluye, & d'autrefois sans pluye, pourrit, & corrompt tout.

Les caues aussi, celliers, & magasins à bois, greniers, fenils, garde-mangers, boulangeries, & places à retirer carrosses, litieres, & chariots doiuent, pour les mesmes raisons, auoir le mesme aspect. Toutesfois Galien qui entendoit l'Architecture, apporte vne distinction quant à la situation des caues; car il veut que celles où l'on retirera les petits vins soient chaudes; & à cét effet, situées aupres de quelque lieu chaud, & percées directement au Midy, & non aucunement au Septentrion. Constantinus ordonne presque le semblable, quand il dit qu'aux pays froids les caues doiuent estre chaudes, & froides aux regions de constitution contraire : car les pays froids ne produisent iamais de grands vins. Ces preceptes, à mon advis, pour la façon des vins d'auiourd'huy (car elle est beaucoup differente de celle des anciens) ne peuuent seruir que pour aider, & auancer la maturité des vins verds; auquel estat quand ils sont paruenus, ils doiuent estre gardez en lieux frais. C'est pourquoy la situation des caues en lieux sousterrains est fort propre, principalement aux vins qui ne sont pas de longue durée, dautant qu'estant chaudes l'Hyuer,[a]

[a] Cét auteur parle comme le vulgaire l'entend, lorsqu'il dit que les caues sont chaudes en Hyuer & froides en Esté, qui neantmoins sont quasi tousiours en mesme estat, la difference de ces qualitez n'estant qu'apparente & par la comparaison seulement de celles qui se ressentent dans l'air de dehors, qui se changeant selon les saisons fait paroistre celuy des caues chaud, lorsqu'il est plus froid en Hyuer, ou froid en Esté lorsqu'il est plus chaud.

ils en sont plûtost murs, & lors l'Esté suruenant ils se conseruent plus aisément par le moyen de la fraîcheur qu'ont les caues en cette saison. Il faut aussi prendre garde pour la situation commode de la caue, qu'elle soit éloignée des voûtes & conduits des cloaques & priuez, à cause que la puanteur corrompt le vin. Ce qui arriue aussi quand le fond d'icelles est à niueau de l'eau des fossez, & autres reseruoirs, & quand on répand souuent du vin dans lesdites caues, sans les lauer & nettoyer.

La cuisine doit estre à la partie de l'Occident, si faire se peut commodement, ou du Midy, accompagnée d'vn garde-manger, d'vne sommellerie, d'vne salle du commun, d'vn puits, ou d'vn tuyau de fontaine, ou de tous les deux. On la bastit auec les pieces qui l'accompagnent dans terre, quand on n'a pas la commodité de la placer auec ses pieces, & appartenances hors de terre. Mais il ne la faut iamais loger dans terre, s'il est possible, quand les égouts ne se peuuent décharger dans vn fossé à découuert, ains seulement dans vn puits perdu ou fosse couuerte : dautant que telles fosses exhalent tousiours dans les offices vne puanteur fâcheuse & insupportable. Elle ne doit iamais aussi estre logée sous le principal corps de logis, principalement sous la place dans laquelle on mange d'ordinaire, tant à cause du bruit, que de sa mauuaise odeur, qui monte iusques aux estages superieurs, n'y ayant rien de si desagreable que l'odeur de la cuisine & des viandes à l'issüe du repas.

La buanderie aura le mesme aspect que la cuisine.

FRANÇOISE.

Le siege, & ouuerture des priuez sera aux galetas, dautant que s'il estoit plus bas, la puanteur se pourroit plus aisément répandre par le corps de logis: Ce qui ne peut si-tost arriuer, quand ils sont situez aux lieux les plus hauts, le propre de l'odeur estant de gagner tousiours le haut. Ils ne laisseront pourtant d'auoir vn soûpirail, ou ventouse qui passera outre la couuerture. Il faut aussi que leurs chausses, & voûtes soient, comme i'ay dit, éloignées des puits, des caues, & principaux manoirs.

Les puits seront bastis dans les cuisines, & les jardins; quand il n'y a point de fontaines.

On loge les fontaines dans les jardins, vergers, & bosquets. Parce que les grottes doiuent estre hors l'aspect du Soleil, elles regarderont, si la commodité du lieu le permet, la partie Septentrionale, & seront dans les jardins, & vergers; ou proches d'iceux.

La position & situation du reste se trouuerra dans les Autheurs qui ont escrit de l'agriculture.

De la forme, ou figure du bastiment.

Chapitre VIII.

LA forme de bastir a tousiours esté diuerse, selon la diuersité des siecles : Car nous apprenons par Vitruue, que les anciens bastissoient d'autre sorte qu'on ne fait pas auiourd'huy. On a tousiours basty aussi, & bastit-on encores à present d'autre façon en vne Prouince qu'en vne autre ; ainsi que nous le pouuons reconnoistre dans le mesme Vitruue, où il se voit que les Romains auoient vne autre maniere de baſtir que les Grecs.

La façon encor des baſtiments és villes a eſté & l'eſt encores à preſent differente de celle des champs, comme nous le pouuons remarquer, pour ce qui eſt de la façon antique, dans les anciens Autheurs: Car nous y apprenons que les Romains baſtiſſoient leur Atrium és villes à l'entrée du logis, & aux champs ſur le derriere. Auiourd'huy les maiſons nobles aux champs ſont la pluſpart baſtiments forts, principalement à coups de main, & reueſtus de foſſez, ce qui ne ſe pratique point és villes.

On peut baſtir en toutes ſortes de formes & figures, mais les principales, les plus frequentes, & les plus commodes ſont celles qui ſont en corps de logis ſimples, ou doubles, deſquelles deux ie traitteray ſeulement au diſcours preſent, tant pour les raisons susdites, que parce que celuy qui sçaura bien pratiquer ces deux-cy, entendra facilement par les mesmes regles la conduite de toutes les autres.

Les corps de logis simples sont plus ordinaires en France, qu'en autre lieu. Cette forme se pratique ordinairement en bastissant sur les quatre costez d'vne court, sur l'vn desquels on dresse le corps de logis principal, opposé à la face de l'entrée, estant presque tousiours plus large, & spacieux qu'aucun autre, principalement aux villes : Sur les deux autres costez ioignant le precedent on dresse deux autres corps d'hostel appellez bras, aisles, ou potences en l'vne desquelles on construit souuent vne galerie, l'autre s'employe en diuers logemens.

Les bras ou aisles ne doiuent auoir aux villes tant de largeur que le corps de logis principal, quand ils ne peuuent prendre, & tirer leurs iours que d'vn cofté : Car vn iour d'vn feul cofté ne pourroit fuffifamment éclairer vne largeur pareille à celle du corps de logis principal les ayant tant d'vne part que d'autre. On n'eft pas obligé à cette contrainte aux champs; dautant qu'on peut éclairer, & percer des deux coftez les aifles, auffi bien que le principal corps de logis.

Le quatriéme cofté eft celuy de l'entrée, qui doit eftre oppofé directement à la face du principal corps de logis. On le baftit ordinairement en terraffe, à vn feul eftage aux champs, pour rendre les veuës de tout le logis plus gayes, & plus libres, & tout le logis plus riant. Ce qui ne fe doit pratiquer aux villes, pour les raifons qui en ont efté déduites cy-deuant, toutesfois ce cofté de deuant aux villes ne doit estre tant exhaussé, quoy qu'il soit basty en corps de logis, que les autres, afin de rendre la court plus gaye. Cette forme de bastiment est aussi tousjours accompagnée de quatre pauillons en sortie, & deffences dressez aux quatre coins.

Le corps de logis double n'est de si grande monstre que le precedent, mais il est plus commode, pour auoir les demeures de l'Esté plus fraîches, & celles de l'Hyuer plus chaudes, plus de pieces de plein pied, & plus proches en vn seul estage ; occuper moins de place, & estre de moindre dépence. Ioint qu'il peut & doit estre éleué plus haut que l'autre, & par ce moyen auoir ses veuës de plus longue estenduë.

Il est vray qu'il est contraint d'auoir ses estages plus exhaussez que l'autre, pour n'auoir ses iours que
d'vn

FRANÇOISE. 49

d'vn costé, excepté les logemens qui sont sur les angles: Mais ayant ses estages plus éleuez, tout le logis & toutes ses pieces en sont plus nobles.

Des mesures du bastiment en general, tant en corps de logis simple que double.

CHAPITRE IX.

LE corps de logis principal du bastiment en cloistre est tousjours de beaucoup plus long que large, & ce plus ou moins, suiuant les facultez & volonté du Seigneur.

On place l'escalier principal presque tousiours au milieu, *a* ou bien

---

a Cela se pratiquoit autrefois de cette maniere; Mais comme on en a reconnu les incommoditez, qui sont telles, qu'il empesche la communication de plein pied de la cour au jardin, qu'il separe le logement en deux, dont les pieces n'ont plus de communication l'vne auec l'autre, & qu'il en occupe inutilement le plus bel endroit;

D

on fait la porte principale au milieu, pour aller trouuer l'escalier à costé; Mais il n'est pas si bien en cette disposition qu'en la premiere, dautant qu'on est contraint de fermer vne partie des croisées qui l'esclairent, ou bien les asseoir en vn niueau different des autres, ce qui seroit fort difforme pour n'auoir d'autre part d'autres croisées qui y répondent en pareil niueau. Dauantage les degrez de ses rempans [a] ne

l'on a trouué plus à propos de le placer dans vne des aisles, où l'on peut luy donner autant d'estenduë que l'on veut pour la rampe, & où il laisse le logement tout entier libre & degagé, dans lequel on peut faire plusieurs pieces l'vne apres l'autre de plein pied, & sans estre entrecoupées.

[a] Comme les logis simples n'ont pas assez de profondeur pour y faire la longueur d'vn escalier à deux rampes auec ses paliers; Il conseille de faire vn auant-corps qui ait plus de saillie sur la face de derriere qui regarde le jardin, que sur celle de deuant vers la cour, afin de pratiquer plus de longueur aux rampes; Ce qui ne se pouuant faire qu'au milieu du bâtiment, il a raison de dire que l'escalier a deux rampes qui n'est pas dans le milieu, & qui a son eschiffe sur la profondeur du bâtiment, ne peut pas auoir autant de longueur que celuy qui est fait dans l'auant-corps.

FRANÇOISE. 51

peuuent pas eftre fi doux que ceux du milieu, à caufe qu'on ne luy peut point donner de faillie en dehors, comme on peut faire quand il eft fitué au milieu. Auquel endroit tant s'en faut qu'il foit difforme, ayant de la faillie, qu'au contraire il donne beaucoup plus de grace au corps de logis, & rend la montée plus aifée.

Mais en ce cas il faut qu'il forte

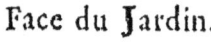
Face du Jardin.

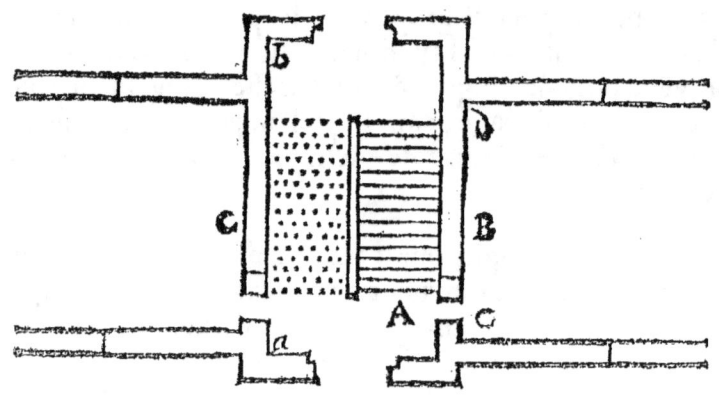

Face vers la Cour.

Ce que l'on peut connoiftre en cette Figure, où la partie marquée A, qui eft dans le milieu du bâtiment fimple a bien plus d'eftenduë pour placer l'efchiffe d'vn efcalier fur la longueur a b, à caufe des auances a & b, qui font prifes fur la Cour & fur le Jardin, que n'en a la partie B, ou C, dont la largeur c d, eft fans auances.

D ij

dauantage du cofté du dehors que de celuy qui eft au dedans de la cour, & qu'il foit plus haut que le corps de logis, faifant vn corps & pauillon à part.

La hauteur & efleuation de ce principal corps de logis eft moindre d'ordinaire en la campagne qu'aux Villes ; tant par ce que l'edifice des champs ne doit eftre de beaucoup efleué de peur de l'impetuofité des vents, qu'en ce qu'on y peut prendre en terre tant de place que l'on veut : Au contraire aux Villes on exhauffe les baftimens dauantage, tant à caufe qu'on eft plus à couuert contre l'effort des vents, que pour prendre des places en l'air, ne les pouuant auoir en terre. Toutesfois fi on veut auoir égard à la dignité, & majefté du baftiment, il en a dauantage, en quelque lieu que ce foit quand il eft dauantage efleué. Cela toutesfois doit estre proportionné à la grandeur ou petitesse de la cour, esleuant ou abbaissant le bâtiment selon qu'elle est longue ou courte.

Les estages non seulement du principal corps de logis, mais de tous autres ne doiuent estre égaux: Car l'inferieur doit estre tousiours plus exhaussé que le superieur, principalement aux Villes, non seulement pour apporter plus de grace à l'aspect des façades, mais aussi plus de clairté, & de iour aux estages bas. Le dernier estage aura bonne grace, s'il n'est que d'vne hauteur Attique: Car ce faisant, on rendra les galetas fort beaux ; & quoy qu'ils ne soient du tout carrez, ils seront toutesfois autant exhaussez pour le moins que l'estage inferieur.

Les estages se distinguent ordinairement au dehors par plin

tes, *a* bandes, ou architraues, frises, & corniches, ou bien sont sans aucune distinction, auançant, & faisant saillir de l'épaisseur de quelques pouces les murs des croisées, & donnant de la retraitte d'autant aux trumeaux, comme par forme d'vne arriere corps.

La premiere façon a beaucoup d'incommoditez : Car il est presque impossible que les croisées, si leur hauteur monte haut, & approche leur plancher, ne coupent, & rompent pour le moins la continuité de l'architraue, ce qui est fort vicieux, & difforme ; ou bien il faut que le dessus de la corniche s'esleue ius-

---

a L'vsage des Maçons de Paris est de faire des plintes au droit des planchers de chaque estage, & d'autres au droit des appuis des fenestres ; Mais ces deux cours de plintes, qui interrompent la hauteur des estages, rendent les façades trop mesquines : Il n'y en a qu'vn seul cours aux maisons des particuliers à Rome, lequel fait l'appuy des fenestres ; Ce qui rend les diuisions des premiers estages de la façade plus grandes & plus exhaussées ; Et cela a esté desja pratiqué heureusement en quelques bâtiments de Paris.

ques à la hauteur de l'appuy des croisées superieures : ce qui apporte
double inconuenient, le premier,
en ce qu'on ne peut voir en regardant en bas, iusques au pied du
mur; sans se contraindre & pener
par trop, & l'autre que la pluye tombant au dessus de la corniche, elle
tombe, & coule en rejalissant contre le verre, dans les chambres &
logemens ausquels deux inconue-
nients la façade qui est sans distinction d'estages n'est aucunement
sujette.

Quand les façades sont distinguées
par estages, si au lieu de lucarnes on
pose au dessus de l'entablement vne
balustrade, elle apporte à tout le
logis vne grande beauté d'aspect, &
commodité de veuë aux bastimens
des Grands, & quand la couuerture est basse : Car si elle est esleuée,
ainsi qu'elle est tousiours en Fran-
D iiij

ce,[a] il faut tousiours des lucarnes, les balustrades n'estant propres que quand les couuertures sont plattes & basses, comme en Italie, auquel pays & autres, où le couuert est fort surbaissé, les lucarnes seroient inutiles : mais en France, & autres lieux, où les couuertures sont beaucoup esleuées, les lucarnes sont necessaires : C'est pourquoy il ne se faut arrester à la façon Italienne, que nos Architectes aujourd'huy veulent suiure aux bastiments des Grands, sans considerer que chaque Prouince a sa façon particuliere de bastir pour des considerations qui ne peuuent estre generales & auoir lieu par tout.

[a] L'on n'auoit pas encore alors l'vsage des toits recoupez à la Mansarde, qui nous donnent à peu prés les commoditez des toits plats d'Italie ; De sorte que l'on peut finir le bâtiment par le haut en mettant, comme il dit, vne balustrade sur l'entablement & sans lucarnes ; & l'on en voit de tres-beaux exemples dans quelques-vns des bâtiments que l'on a faits depuis peu à Versailles.

FRANÇOISE.

Quoy que l'autre façon de baſtir, ſans diſtinction d'eſtages, ne puiſſe ſi commodement receuoir cette baluſtrade, elle ne laiſſe pour cela d'auoir beaucoup de grace, mais elle n'eſt propre que lors que la couuerture eſt eſleuée comme en France: Car les ſuperieures & dernieres feneſtres ſont couronnées d'vn architraue, friſe, corniche, & frontiſpice; comme auſſi les trumeaux, ayant, ſi l'on veut y apporter de l'ornement, *a* de grands & hauts pilaſtres regnant depuis le bas iuſques en haut, qui les ſupportent.

Les deux bras ſont plus beaux quand ils ſont auſſi haut eſleuez que le principal corps de logis, conte-

a Il y a beaucoup de bâtiments tres-conſiderables où l'on voit des pilaſtres qui regnent depuis le pied iuſque ſous le plus haut de l'entablement ; Quoy qu'il n'y ait rien de plus deſagreable, ny de plus contraire à la bonne Architecture, lors qu'ils ſont entrecoupez par les corniches ou par les plintes qui marquent les eſtages, leſquels ne paroiſſent que comme des entre-ſoles ; Mais cette matiere eſt traittée ailleurs.

nant autant d'eſtages, & de meſme hauteur que le principal corps.

Leur longueur eſt limitée par celle de la cour ; mais leur largeur n'a accouſtumé, meſme aux champs d'eſtre telle que celle du grád corps, quoy qu'on les puiſſe à la campagne tenir auſſi larges que le principal corps, pour pouuoir prendre leurs veuës de part & d'autre auſſi bien que le principal corps.

Si ces deux bras peuuent eſtre égaux en largeur, la ſymmetrie en eſt plus parfaite : Mais ſi on eſt contraint de faire l'vn plus eſtroit que l'autre, ce qui arriue ſouuent, quand on en employe l'vn en galerie, il faut au moins les rendre égaux aux champs entre les deux pauillons de l'entrée. Ce qu'on obtiendra, ſi on auance autant celuy qui eſt moindre, que le plus large s'y auance, n'arriuant autre changement pour cette disposition, sinon que les flancs du pauillon du moindre seront plus larges que ceux des autres de l'autre part: Mais si cette situation est bien conduite, elle n'apportera ny difformité, ny incommodité.

Le logis qui est situé le long du mur de l'entrée a accoustumé d'estre couuert en terrasse *a* aux champs, & non plus haut que le premier estage, pour les raisons cy-deuant dites: Sa largeur doit estre proportionnée à sa longueur, luy donnant plus de largeur, quand elle a plus de longueur, en sorte toutesfois, qu'elle ne soit iamais moins large de seize pieds. Cette terrasse

a Nous n'auons point d'exemple que les terrasses reüssissent bien en France, à cause des pluyes & des neges qui y sont bien plus grandes & plus longues qu'en Italie; & quasi toutes celles qui ont esté faites cy-deuant se sont ruinées, quelque soin que l'on y ait pû apporter. L'on doit neantmoins mieux esperer de celle de l'Obseruatoire que le Roy a fait bâtir au Fauxbourg S. Iacques, dans laquelle on a pratiqué tout ce que Vitruue enseigne de la ruderation.

sera fermée tant du costé de dehors, que de celuy de dedans, de balustres, & appuys : La porte doit estre au milieu, & celle qui est au dehors plus ornée, & enrichie qu'aucune autre.

Les façades au contraire des logis par le dedans de la cour doiuent estre plus ornées que celles qui leur sont opposées par le dehors, & tousjours plus enrichies, aux parties hautes, qu'aux basses : Car cette disposition donne beaucoup plus de grace aux ornements, ce qui soit dit en passant.

On ne se sert guere de pauillons en saillie sur les coins, qu'aux bastimens des champs ; dautant qu'on ne les peut si commodement pratiquer aux Villes. Leur forme sera telle que celle de tout le logis estant quarrée, s'il est tel, & oblongue, s'il est de cette forme. Leurs saillies, ou flancs, feront pour le plus de la quatriefme partie de chaque front, & eftenduë qui fe trouuerra entre deux pauillons, & de la cinquiefme pour le moins. Ils feront toufiours plus efleuez que les corps de logis, ayant les autres eftages de mefmes hauteurs, niueaux, & allignemens, que ceux des corps de logis.

Le premier eftage defdits corps de logis fera efleué par deffus le raiz de chauffée de la cour pour le moins de dix-huit pouces, s'il n'y a point d'offices dans terre, & de trois pieds au moins, s'il y en a.

La hauteur du premier eftage du principal corps de logis fera belle, quand elle pourra auoir les trois quarts de fa largeur: celle des autres corps de logis fera affujettie à cettecy, afin d'aller de plein pied en mefmes eftages.

Les autres eftages fuperieurs prendront leurs mesures, & proportions de leurs hauteurs, de celuy qui leur sera immediatement inferieur, suiuant qu'il a esté dit cy-dessus.

On doit placer les chambres, ou cabinets principaux dans les pauillons, afin d'auoir leurs veuës plus libres, & plus belles.

La cour doit estre en creux plus longue que large d'vne quatriesme partie pour le plus, & d'vne sixiesme pour le moins, tant afin que la face du principal corps de logis en puisse mieux paroistre, que pour rendre la cour comme quarrée à la veuë, à cause que ce qui se voit de creux se monstre tousiours plus court, que ce qui est aux costez, & sur la largeur.

Quand la cour sera ainsi oblongue, le logis aura plus de majesté, s'il y a le long du principal corps de logis vne terrasse, large dautant, que la cour excede en longueur, laquelle sera esleuée par dessus l'aire de ladite cour, de quelques dix-huit pouces pour le moins, ou de trois pieds pour le plus, ce qui donnera, comme i'ay dit, plus de grace & de beauté à tout le logis, principalement si ladite terrasse est fermée d'vn appuy.

Le pauillon ou corps de logis double doit estre tousiours plus éleué que celuy qui est en cloistre, tant pour pouuoir mieux resister à cause de sa forme massiue à l'effort des vents, que celuy qui est simple, que parce qu'il doit en moins de place contenir plus de logemens, & auoir ses estages plus hauts, pour porter plus de lumiere au dedans, ce qui a esté desia touché cy-deuant.

Les pauillons de défence sur les coins ne se pratiquent gueres en cetre forme de bastiment, toutesfois si on en desire, on les construira auec les mesmes proportions qui ont esté dites cy-dessus.

Des mesures des pieces du bastiment, & premierement de l'entrée, & de la chapelle.

CHAPITRE X.

SI on ne laisse sous l'entrée de la place pour y loger vn corps de garde en vn besoin, tant d'vne part que d'autre, il faudra laisser trois, ou quatre pieds pour le moins de chaque costé par delà les iambages de la porte, afin de pouuoir commodement se retirer à costé quand les carosses ou chariots passeront.

La chapelle est necessaire, principalement aux champs : Car aux Villes, il n'appartient qu'aux Princes, ou aux plus grands Seigneurs d'en auoir. Sa grandeur doit estre tousjours proportionnée à celle du train du Seigneur : Mais elle sera tousjours plus belle, quand on la tiendra plus longue que large ; Suiuant le besoin on diuisera sa largeur en deux ou trois parties, pour en donner trois des deux, ou cinq des trois à la longueur, ou bien on formera vn quarré ayant ses costez de mesme grandeur que la largeur d'icelle, dont la Diagonale seruira pour la longueur, ou bien on la tiendra deux fois autant longue que large: Sa hauteur sera telle que celle de l'estage dans lequel elle sera placée, neantmoins si le lieu permet de luy donner vne plus grande hauteur, elle en sera plus belle: L'Autel sera au milieu de l'vn des bouts, la porte au milieu de l'autre, de la largeur de trois pieds iusques à cinq, & double en hauteur ; Que si on est contraint de la situer à costé, il en faudra faire vne autre en finte qui luy réponde : L'Autel aura vn marchepied vn peu esleué, afin que le Prestre puisse mieux estre veu en celebrant : Les iours & fenestres seront en correspondance par le dedans, comme en toute autre place publique, si faire se peut commodement.

Quand on ne peut obtenir cette correspondance interieure, on se peut aider de quelque finte aussi bien par le dedans comme il se fait par le dehors. Or il faut tellement situer ces fenestres, qu'il y en aye tousiours vne ou deux diametralement situées qui esclairent l'Autel par les bouts & non pas sur la face d'iceluy, dautant que cét endroit est plus commode pour vn tableau que pour vne fenestre : On en peut bien toutesfois mettre deux sur la face de l'Autel, commençant aux deux extremitez de l'Autel, en sorte qu'il n'y en ait aucune sur toute la longueur d'iceluy, dautant que cét endroit doit estre (comme il a esté dit) reserué pour la place d'vn tableau.

Des Caues.

CHAPITRE XI.

LEs caues doiuent estre estroites & basses, n'ayant les plus grandes en largeur que quinze ou seize pieds pour le plus, les autres dix ou douze pour apporter vne plus grande facilité & force aux voûtes. Leur longueur sera suiuant le besoin que l'on en pourra auoir, selon la qualité du logis : Leur hauteur ne sera pour les plus grandes que de neuf pieds sous clefs, & pour les autres de sept : Elles seront voûtées en anse de pannier, tant pour y pouuoir mettre plus de tonneaux, en les gerbant en vn besoin les vns sur les autres, que pour aller plus commodement par derriere iceux. Il ne sera mal à propos de construire dans l'espaisseur des murs d'icelles, aux endroits qui ne seront empeschez par les tonneaux, des armoires, dont le fond sera plus bas d'vn pied & demy, ou de deux que l'aire de la caue: leur hauteur sera par dessus icelle aire de quelques quatre pieds, leur largeur de trois: L'ouuerture & porte de la caue seront du costé du Septentrion, si faire se peut, & aura en largeur quelques quatre pieds. Il n'y aura que des soufpiraux, au lieu de fenestres, & encore en petite quantité: Leur largeur sera de trois pieds pour le plus, & leur hauteur par le dehors d'enuiron autant, laquelle aussi bien que la partie d'embas descendra au dedans en taluz, ne laissant d'ouuerture pour la fente du iour qu'enuiron huict pouces, laquelle pour empescher l'entrée des rayons du Soleil, & de la Lune dans la caue, sera prise si bas, & les taluz conduits de telle sorte, que la ligne de leur pente & inclination se trouue plus droite de six degrez *a* que

a C'est à dire qu'à Paris, ces ouuertures ne doiuent point pancher d'vn angle plus grand de dix-huit ou dix-neuf degrez de l'aplomb vers le Midy.

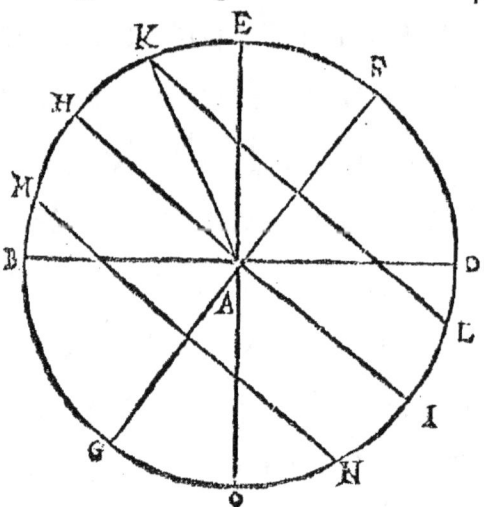

Car si dans cette figure, qui represente l'analemme, ou la situation de la Sphere comme elle est à Paris, nous prenons le Cercle BEDO pour le meridien, la ligne BD pour l'horizon, EO pour le vertical, FG pour l'axe du Monde, HI pour l'Equateur, KL pour le Tropique de Cancer, &c. Il paroist que le Soleil faisant son cours entre les Tropiques, ne s'approche jamais plus celle de l'esleuation du Soleil au Midy du plus grand iour de l'année : Cela se pourra aisément executer, quand on sçaura l'esleuation du Pole de la contrée, & que c'est que telle esleuation de Pole, ou de Soleil, ce que l'Architecte ne doit ignorer.

De la Cuisine, Gardemanger, Salle du commun, & Fournil.

CHAPITRE XII.

LA cuisine sera plus grande & spacieuse, tant en son tout

prés de nostre Zenit, qui est au point E, que de la longueur de l'arc du Meridien K E ; Et partant qu'il n'éclairera iamais dans vn soûpirail, dont l'inclination, au respect du vertical A E, sera moindre que l'angle EAK, ou qui répondra à vn point plus prés du Zenit, que le point K du Tropique. Or l'angle EAH, qui est le mesme que celuy de l'éleuation du Pole FAD, estant de prés de 49. degrez ; Et l'angle HAK, qui est celuy de la plus grande declinaison du Soleil, estant de $23\frac{1}{2}$ deg. Si l'on oste le plus petit du plus grand, il restera peu plus de 25. degrez pour l'angle KAE. d'où ostant les six degrez demandez par l'Auteur, il paroist que les ouuertures des soûpiraux ne doiuent point pancher vers le Midy de plus de 18. ou 19. deg. de l'aplomb, c'est à dire de la ligne verticale.

qu'en ses parties, à proportion de la grandeur de tout le logis : Sa hauteur sera la plus grande qu'on la pourra auoir : Sa cheminée sera proportionnée à la grandeur de l'office : I'approuue beaucoup, pour la commodité d'vne grande maison, celle que décrit Philibert de Lorme, pour les raisons qu'il en donne, pourueu que le tuyau de la cheminée qu'il met au milieu de la cuisine ne nuise point aux demeures superieures : On pourra toutesfois soulager cette incommodité, si on peut dresser vn mur de refend par en haut le long d'iceluy tuyau, faisant en sorte qu'il ne se rencontre au milieu de quelque membre superieur : Elle sera la plus esclairée qu'on pourra.

La porte de l'entrée d'icelle sera de trois pieds de large pour le moins.

Le potager sera de la hauteur de

deux pieds pour le plus, afin qu'on puisse plus commodement voir dans les pots, & pour la mesme raison, à l'endroit d'vne fenestre, & ioignant icelle.

La salle du commun sera ioignant la cuisine, tousiours plus longue que large, & spacieuse, suiuant la grandeur de toute la maison : Elle doit estre la plus claire qu'on pourra, & aux maisons de mesnage, aux lieux où le bois est cher, si elle est dans terre ; elle sera sans cheminée, dautant qu'estant située de la sorte, elle est fraische l'Esté, & suffisamment chaude l'Hyuer : Sa hauteur suiura celle de l'estage dans lequel elle sera logée : Il n'importe pas beaucoup pour le reste de ses proportions ; cét office estant retiré de la veuë des suruenants, & destiné seulement pour la commodité des seruiteurs.

FRANÇOISE.

Le fournil fera proche de la boulangerie, fuiuant qu'il a efté dit, d'vne capacité (comme aussi la boulangerie) proportionnée à la defpence de la maifon, ayant pour le moins deux fours, l'vn pour la cuite du pain, & l'autre pour celle de la patifferie : Le refte de fes mefures ne requiert guere d'autre defcription non plus que les celiers, & magafins, eftant de telle mefure qu'on les peut auoir.

Des Montées & Paſſages.

CHAPITRE XIII.

LEs montées font ou auec efcaliers entiers, ou efcaliers-vis, ou bien auec vis fimples. Les efcaliers entiers appartiennent aux grandes maifons, les efcaliers-vis aux moyennes, & les vis feules aux petits baftiments, & aux montées particulieres. Ces escaliers sont simples, ou doubles, & doubles ou auec vn rampant au milieu des deux autres, ce rampant du milieu estant le plus large, ou bien consiste de quatre rampants d'égales largeurs, & ce ou tous d'vn mesme front, ou bien en ayant deux d'vn costé, & deux de l'autre, & vn beau & ample pallier entre les deux: Ils doiuent tousiours auoir vn repos au milieu de la montée d'vn estage, soit qu'elle aille tout droit, soit qu'elle retourne, & soit brisée: Le palier & repos doiuent estre pour le moins aussi larges qu'vne marche est longue, & aussi longs que larges, ou auoir leur longueur égale à toute la largeur de l'escalier, laquelle forme est la plus belle & la plus noble: Le mur d'échiffe ne doit auoir plus d'vn pied, ou quatorze pouces d'épaisseur, s'il ne

FRANÇOISE.

souſtient point de voûtes.

Le plus ſouuent il eſt ſimple, mais auſſi quelquefois il eſt triple, & quadruple, ſuiuant que les rampants ſont tels. Il eſt touſiours plus beau, & rend l'eſcalier plus clair, quand on le peut faire à iour.

L'eſcalier-vis eſt touſiours auec retour, ayant ou vn quartier de vis en la moitié de ſon retour, l'autre moitié en repos, ou vne demie vis occupant tout ce retour : Il vaut mieux ne faire aucun repos au retour, pour auoir les marches plus ſpacieuſes & aiſées. Le mur du milieu a les meſmes meſures, eſtant quelquefois ſeul, ou double, & ſe pratique de meſme que celuy de l'eſcalier entier.

La vis doit auoir ſon noyau, quand on le peut, de la moitié ou du tiers de l'eſpace & diametre d'icelle, pour rendre les marches plus aiſées. Quād

76 L'ARCHITECTVRE

il a cette grosseur il le faut faire ramper. La place des escaliers, & vis est capable de toutes sortes de figures, rondes, ouales, triangulaires, quarrées, & polygones.

Quand on ne peut prendre du iour *a* suffisamment, ou point du tout par les deux bouts & extremi-

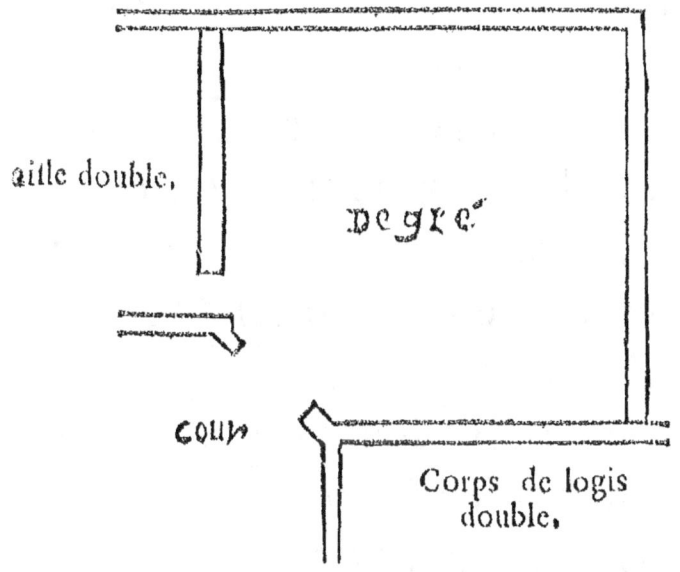

a Nous auons à Paris l'exemple d'vn escalier basty dans le coin d'vn bastiment double, & qui n'a point d'autre iour que de la porte & des fenestres qui sont au dessus, lesquelles sont percées dans vn pan de 7. à 8. pieds seulement de large, posé dans l'encogneure du mur du corps de logis & de celuy de l'aisle; Et ce degré qui occupe la place la plus sombre de tout le logement est pourtant tres-clair & tres-agreable.

tez, on le peut tirer du haut par le milieu, tant des escaliers que de la vis, mais il faut que cette place du milieu soit compassée tellement en sa grandeur, que le iour qui ne vient que d'enhaut puisse esclairer & donner iusques dans les rampans d'embas, & premieres marches suffisamment. Sa mesure ordinaire est de la largeur d'vn rampant occupant le tiers de la place.

Les repos & palliers ne porteront iamais sur aucune charpenterie, ains sur voûtes, de crainte qu'vn accident de feu ne suruenant, on ne pust eschapper & descendre par les escaliers, leurs repos & palliers estant brûlez ou en feu.

Les marches doiuent estre d'vne seule piece, si elles ne sont soustenuës d'vne voûte, & de longueur proportionnée à la grandeur du logis ; en sorte toutesfois que celles de l'escalier n'ayent iamais moins de quatre pieds. Leur largeur, ᵃ giron ou pas doit eſtre d'vn pied pour le moins, & leur hauteur d'vn demy pour le plus : Quand on ne leur peut donner tant de largeur qu'on deſireroit, on les auance d'vn de-my ou quart de rond ſur le bord, d'vn bon pouce pour le moins d'eſ-paiſſeur, ce qui leur apporte encor de l'embelliſſement, ou bien on ne

ᵃ Ces meſures ſont bonnes, quoy que les anciens ne les ayent point pratiquées, au contraire nous auons veu des ruines d'eſcaliers dans les baſtimens antiques, dont les marches ſont eſtroites & hautes hors de meſure.

Voicy vne regle, pour la proportion du giron des marches des eſcaliers à leur hauteur, que j'ay inuentée ſur ce fondement ; que la longueur du pas aiſé d'vn homme qui marche de niueau eſtant de deux pieds, & la hauteur de celuy qui monte à vne eſchelle dreſſée aplomb, eſtant d'vn pied ; Il paroiſt que chaque partie en hauteur eſtant priſe pour deux de celles qui ſont de niueau, l'vne & l'autre enſemble doiuent faire deux pieds ou 24. pouces. Et pour cet effet ſi la marche a vn pouce de haut, elle en aura 22 de large, (qui auec les deux pouces qui valent autant que le pouce en hauteur, font les deux pieds de ni-ueau:) 2. pouces de hauteur ſont 20. pouces de giron; 3. pouces de haut, 18. pouces de giron; 4. de haut, 16. de giron; 5. de haut, 14. de giron; 6. de haut, 12. de gi-ron; 7. de haut, 10. de giron; 8. de haut, 8. de giron; Et ainſi des autres.

tient pas entierement à niueau le pas, *a* faifant vn angle vn peu obtuz, au lieu de le tenir quarré & droit. Quelquefois on fe peut feruir de ces deux auantages enfemblement, mais cela ne fe doit pratiquer qu'en grandes contraintes. La longueur de la marche de la vis eft ordinairement moindre que celle de l'efcalier, parce qu'elle ne fe pratique guere qu'aux petits lieux, ou aux montées qui ne font principales : Sa largeur fe doit prendre à la moitié du diametre de la place en mettant l'vn des pieds du compas au centre du noyau, & eftendant l'autre iufques au milieu de cette moitié, au-

a Il veut dire en le faifant vn peu pancher fur le deuant ; ce qui eft vicieux & ne fe doit mettre en vfage que lors que l'on y eft extremement contraint ; comme au contraire il y a vn efcalier à vis au palais de *Monte-Cauallo*, où les marches font tres-larges, fort baſſes, & qui panchent infenfiblement en arriere ; c'eft à dire qu'en montant, la pointe du pied eft vn peu plus baſſe que le talon ; ce qui paroiſt contre les regles, & a eſté neantmoins fait auec beaucoup de iugement, cette pante aidant tellement à marcher, qu'il ne femble pas que l'on monte.

quel endroit la marche doit estre de huict pouces de largeur pour le moins. Sa hauteur sera pour le plus de sept : Son pallier doit auoir l'angle qui est sur le noyau, quarré, ou estre de toute la moitié de la place.

Les portes qui vont aux chambres doiuent estre au milieu du pallier, soit en l'escalier ou en la vis. Celle de l'entrée principale doit estre au milieu de l'escalier, ou bien au milieu de l'vn des rampans, quand on a la commodité de choisir telles assiettes. Si l'escalier n'a veuë que d'vn costé, la croisée (quand il n'y en a qu'vne) doit estre directement à l'aspect du milieu de l'escalier : que si on peut prendre ouuerture de part & d'autre, on peut asseoir l'vne des croisées à l'aspect du milieu de l'vn des rampans, & l'autre à l'aspect semblablement du milieu de l'autre.

En

En la vis ces preceptes ne sont pas beaucoup necessaires, si le noyau n'a pas beaucoup de corps & de grosseur: Quand le noyau, ou les murs qui representent le noyau sont rampans, ou à iour, on peut prendre vn iour par le haut de la couuerture, en la sorte qu'il a esté dit cy-deuant, si on en a besoin, tâchant, en quelque sorte de montée que ce soit, de la rendre la plus claire que l'on pourra.

Des Antisalles & Salles.

CHAPITRE XIV.

LEs antisalles ne different en leur forme des salles sinon de grandeur, pour estre plus petites ordinairement que les salles.

Il y a deux sortes de salles: les vnes qui ne sont propres qu'aux logis des

Princes, ou des grands Seigneurs, destinées seulement à faire nopces, grands festins, bal, balets, & autres grandes assemblées; Les autres conuiennent aux personnes inferieures en qualité, & sont propres à receuoir les suruenants, & y manger auec ses amis. Les premieres doiuent estre fort amples, spacieuses, & placées en l'estage inferieur, & non au superieur, si l'inferieur n'est voûté, à cause de la grande charge qu'elles doiuent supporter. Les Italiens les tiennent plus belles quand elles sont rondes ou quarrées, pour estre plus capables de cette sorte, que si elles estoient oblongues, au contraire des François, qui n'employent gueres que la forme oblongue, pour n'auoir des poutres d'assez longue & forte portée si elles estoient d'vne grande forme quarrée, si bien qu'ils prennent sur la longueur l'espace qu'ils ne pourroient remplir, & couurir d'vn plancher, s'il estoit d'vn quarré parfait. Or les Italiens* sont hors de ces inconueniens, dautant qu'ils esleuent la hauteur de tel genre de salles iusques sous la couuerture, n'estant par ce moyen obligez à les fermer, & couurir par le haut d'vn plancher.

Ces grandes salles donc à la Françoise, aux logis des Princes, ont ordinairement deux fois & demie leur largeur en longueur, ou pour le dire plus clairement, elles sont deux fois & demie plus longues qu'elles ne sont larges, & ont du costé de la cheminée la cinquiesme partie, ou enuiron de leur longueur, plus esle-

* Il entend parler des salles Italiennes qui sont cintrées, dont l'vsage est deuenu fort commun en France, où l'on cintre non seulement les sales, salons, galeries & vestibules; mais les chambres mesmes & les cabinets auec des arcs surbaissez, qui ne gastent rien aux logemens de dessus.

F ij

uée que le reste, de la hauteur d'vne marche, pour donner plus de majesté à cét endroit, estant destiné pour la place que le Prince occupe.

Les iours y doiuent estre en symmetrie aussi bien par le dedans que par le dehors, quand cela se peut pratiquer commodement, & la place de la table esclairée sur les deux bouts par deux croisées, qui soient directement opposées l'vne à l'autre.

Les autres salles n'ont besoin d'vne si grande capacité, tellement qu'elles peuuent estre larges depuis trente pieds pour le plus, iusques à dix-huit pour le moins, & tousjours de forme oblongue. Quand leur largeur est de dix huit à vingt pieds, on a accoustumé de la partager en cinq parties égales, dont la longueur en contiendra deux dauantage, qui seront sept. Si elle est de vingt à vingt-deux pieds, elle se diuisera en trois parties, dont la longueur en aura vne dauantage, ou bien on dressera la largeur en quarré parfait, dont la diagonale seruira pour la mesure de la longueur. Quand la largeur s'estend depuis vingt-deux pieds, iusques à trente, la salle doit estre deux fois plus longue que large, gardant la proportion de la largeur à la longueur plus grande, de tant plus que la largeur le sera. Il faut toutesfois remarquer, qu'il n'est necessaire de tenir les salles longues, encore que leur largeur soit de grande estenduë, quand elles ne sont destinées à receuoir de grandes & frequentes assemblées de peuples, & qu'on ne leur donne vne grande longueur; quand la largeur est estroitte, de peur qu'en cette petite largeur elles ne ressemblent plûtost vne galerie qu'vne salle. Elles doiuent auoir le plus de clairté qu'on pourra, & leurs iours auſſi bien en ſymmetrie par le dedans que par le dehors, principalement ſi cela ſe peut faire ſans beaucoup de contrainte, ainſi qu'il a eſté dit de la ſalle à faire bal.

Il faut les diſpoſer auſſi en ſorte, qu'il y en ait touſiours deux diametralement oppoſées l'vne à l'autre, ſpecialement quand la largeur de la ſalle eſt grande, où les planchers ne ſont ſuffiſamment exhauſſez, pour éclairer le long de la table. Elles doiuent à cét effet eſtre eſloignées du mur de refend ſur lequel la cheminée eſt ſituée de cinq à ſept pieds, ſi le contre cœur de la cheminée n'a point de ſaillie hors ce mur de refend : Car s'il en a, il faut dautant augmenter la diſtance de ces croiſées, comme s'il auoit ſaillie d'vn pied, au lieu qu'il ne faloit que cinq ou sept pieds de distance, quand il estoit sans saillie ; il en faudra lors six ou huit : Surquoy on sera aduerty en passant, que les mesures & situations de croisées pour esclairer sur la table, ne se doiuent seulement obseruer en vne salle, mais aussi en tous lieux principaux où l'on dresse vne cheminée.

Les autres croisées *a* & fenestres de la salle, ne se doiuent regarder diametralement, ains auoir tousiours la muraille de l'autre costé en face : Car par ce moyen les iours ne s'éuanoüissent au dehors : outre ce que la salle en demeurera beaucoup mieux éclairée.

La porte sera au milieu de l'vn

---

a Ie ne sçay pas comme cet Autheur a pû entendre que les fenestres des salles & des chambres, conseruant leur symmetrie par dehors & par dedans, il y en ait toûjours deux diametralement opposées l'vne à l'autre, qui sont celles qui éclairent la table par les deux bouts, & que toutes les autres ne se doiuent regarder diametralement, ains auoir, comme il dit, toûjours la muraille de l'autre costé en face.

des bouts, qui est opposé à celuy qui reçoit la cheminée : Ou bien si on est contraint (ce qui arriue presque tousiours) de la placer à costé, il ne sera mal à propos de luy en representer vne autre en finte, qui luy réponde, pour ne corrompre point la symmetrie. Sa largeur sera depuis trois pieds pour le moins, iusques à six pour le plus, suiuant la petitesse ou grandeur de la salle, & sa hauteur tousiours double à sa largeur.

La cheminée doit estre posée au milieu de l'autre bout, large de cinq à sept pieds : Le reste de ses mesures sera declaré au traité separé des cheminées.

Quelquefois on ne peut asseoir la cheminée sur le bout de la salle, tellement qu'on est contraint de la poser sur l'vne des longueurs. Quand cela arriue," il faut qu'il y ait deux cheminées, chacune diſtante de quelques huict à neuf pieds pour le plus de chaque bout, & que l'vn d'iceux regarde au dehors du logis, afin d'y pouuoir prendre vne croiſée, pour éclairer le long de la table, auec telle diſtance, & proportion qu'il a eſté dit cy-deſſus. L'autre cheminée n'y eſt neceſſaire aux places mediocres, que pour garder la correſpondance : de ſorte qu'il ſuffit qu'elle ſoit en finte, ſans eſtre percée, & auoir vn tuyau qui monte iuſques en haut, & par le deſſus de la couuerture. Quand les cheminées ſont ſituées de cette ſorte, on doit entrer par le milieu de la longueur de la ſalle, ou mettre vne autre porte

---

a Nous n'auons plus d'exemples dans les bâtiments modernes de deux cheminées dans vne ſale pour grande qu'elle ſoit; Et cela feroit meſme à preſent vn tres méchant effet; puiſque deux cheminées marqueroient deux appartements, dont on en auroit fait vn, en oſtant le mur qui les ſeparoit.

à l'autre extremité du mur en finte seulement, pour ne corrompre la correspondance.

Des Antichambres, & Anticabinets, Chambres, Garderobes, & Arriere-garderobes.

CHAPITRE XV.

Les antichambres & anticabinets doiuent estre aussi larges pour le moins, que les chambres, & cabinets :[a] mais de quelque peu plus longs ; Les cheminées doiuent estre posées au milieu de l'vn des murs, & les portes & ouuertures en corres-

[a] Si l'on prend la largeur du bâtiment simple pour celle de l'antichambre ; Il est vray de dire que sa largeur doit estre égale à celle de la chambre, puisque l'vne & l'autre occupe toute celle du bâtiment ; mais en ce cas il est faux de dire que la longueur de l'antichambre doiue estre plus grande que celle de la chambre, parce que les antichambres seroient par ce moyen plus grandes que les chambres ; Ce qui est contre l'vsage ; ainsi ie crois qu'il a voulu mettre *mais de quelque peu moins longs.*

pondance, auſſi bien par dedans que par dehors. L'entrée doit eſtre touſiours par le bout oppoſée à la cheminée.

Les chambres*en France ſe font pour la pluſpart en forme quarrée, & doiuent auoir de large dix-huict pieds pour le moins, & trente pour le plus, ſi ce ne ſont celles des Princes qui peuuent eſtre plus grandes. Celles qui ont leur largeur depuis dix-huict pieds iuſques à vingt, doiuent eſtre plus longues de deux pieds ſur le coſté qui porte la cheminée, pour la commodité de la place du lict: Depuis vingt iuſques à vingt-quatre, elles n'auront beſoin d'a-uoir qu'vn pied dauantage en lon-

---

a Il eſt bon dans les belles chambres de diſtinguer la place du lit par vne alcoue, vne eſtrade, ou au moins vn tapis de pied, & alors elles ſont d'vne belle proportion quand le reſte eſt quarré; c'eſt à dire que les chambres doiuent eſtre plus longues que larges de toute la longueur du lit, afin que ce qui eſt, en dehors de la place du lit ſoit quarré.

gueur : Si elles surpassent vingt-quatre pieds en grandeur, elles doiuent estre toutes quarrées.

La cheminée ne peut estre commodement placée comme aux salles, & cabinets au milieu de son mur, ains doit estre retirée du costé du iour de quelques deux ou trois pieds, tant pour auoir plus grande clairté sur la table, que pour laisser plus de place pour le lict. La largeur de la cheminée entre les pieds droits, sera suiuant la proportion de la chambre, pour le moins de quatre pieds & demy, & pour le plus de six. Sa hauteur depuis l'aire de la chambre iusques sous le manteau ou plattebande, sera depuis quatre pieds & demy iusques à cinq. Le reste sera deduit au discours particulier des cheminées.

Aux champs, ou en vn air découuert & spacieux, vne seule croisée peut suffire à vne chambre large depuis dix-huict iusques à vingt pieds, sinon, il sera besoin d'en auoir deux: Si elle passe la largeur de vingt, iusques à vingt-deux, elle en doit auoir deux en quelque lieu que ce soit: depuis la grandeur de vingt-deux iusques à celle de trente, deux peuuent suffire aux lieux découuerts, mais aux autres, il en faut trois. Celle qui doit éclairer le long de la table doit estre située de mesme qu'il a esté dit traittant de celle de la salle, sinon qu'on en peut auoir deux pour le iour de la table, à cause de la place du lict.

Quand il y a trois fenestres en vne chambre, il faut faire en sorte qu'il n'y en ait iamais deux, non plus qu'en tous autres lieux, qui se regardent directement, fors celles qui sont destinées pour la clairté de la table, pour les raisons cy-deuant deduites, si on n'y est extrememenc contraint.

Quand la chambre, ou quelque autre membre que ce soit est sur vn coing, il faut tousiours que les deux costez qui forment ce coing soient percez : Car les veuës prises de cette façon sont les plus agreables : Outre ce que le lieu en est beaucoup plus clair.

On auoit accoustumé anciennement de tourner la teste & cheuet du lict contre le mur qui porte la cheminée, & encores tousiours du costé droit, parce qu'on iugeoit cette situation plus fauorable à la santé : Aujourd'huy on le dispose d'autre façon, & plus commodement, en tournant le cheuet contre le mur qui est opposé à la croisée qui regarde le long de la table, laissant vne ruelle du costé de la cheminée de la largeur de quatre ou de six pieds: car dautant que toutes personnes ne se peuuent pas commodement situer sur le costé droit, mesme ceux qui s'y pourroient situer en vn temps, ne le pourroient pas quelquefois en vn autre; disposant le lict de la façon que ie viens de dire, il est commode à telle situation que l'on veut, pour receuoir, & entretenir ses amis estant visité dans le lict, du costé qu'on le pourra plus commodement : Ioint qu'on est plus esloigné de la cheminée, l'air de laquelle est tousiours dangereux la nuict. Cette place de lict, du costé où est tourné le trauersin, doit auoir vnze pieds pour le moins en largeur, tant pour la place de la ruelle, celle du lict, que celle de la chaise.

Il faut à l'autre costé [a] diagonale-

[a] L'on peut bien dans vne alcoue ou sur vne estrade placer deux petits lits l'vn près de l'autre au lieu d'vn grand; mais de mettre vne couchette dans vn des coins, cela ne se pratique plus si ce n'est dans la chambre des malades ou des nourrices.

ment opposé garder vne place pour la couchette, s'il est besoin d'en auoir vne dans la chambre, & laisser trois pieds pour le moins pour la largeur de sa place, & cinq & demy au moins pour la longueur d'icelle.

Il ne faut point que la porte de l'entrée de la chambre, regarde directement sur la longueur du lict, ny qu'aucune fenestre en soit beaucoup proche, à cause de l'incommodité des vents coulis. Cette porte aura de large deux pieds & demy, pour le moins, & trois pour le plus, regardant, si faire se peut, la cheminée en face : Il faut aussi se donner bien garde d'assujettir tellement vne chambre à vne autre, qu'on ne puisse entrer dans l'vne si on ne passe par l'autre.

La garderobe n'aura moins de dix pieds en tous sens ; & n'excedera en capacité les trois quarts de la chambre;

chambre : Quand elle est spacieuse, on y dresse vne cheminée : Si elle est estroite en vn estage beaucoup éleué, & proche vne montée, on y peut faire vne entresole, si on a besoin de place ; mesme si elle est longue, on peut pratiquer vne petite montée au dedans d'icelle.

L'arriere-garderobe n'est necessaire que pour y retirer vne chaise percée, de sorte que sa capacité sera assez grande quand elle ne sera que de quatre pieds, si ce n'est en celle des Princes, où il est besoin de plus grande place. Le reste de ses mesures est de peu d'importance.

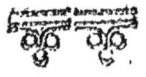

Des Cabinets, & Arriere-cabinets.

CHAPITRE XVI.

IL y a deux sortes de cabinets, les vns grands & amples, qui n'appartiennent qu'à vn Grand, pour y traitter d'affaires & conferences particulieres ; Les autres sont le plus souuent moindres, accompagnent vne chambre, & seruent à y retirer choses rares & precieuses, comme aussi d'autres commoditez. La situation des premiers a esté exposée cy-dessus. Leur grandeur sera proportionnée à celle du logis, n'ayant besoin d'autres regles, sinon qu'ils doiuent auoir vne cheminée, l'entrée opposée à la cheminée, & estre symmetriez par le dedans, si on le peut.

Les arriere-cabinets doiuent estre

moindres que les cabinets, le reste de leurs mesures n'est de beaucoup d'importance.

Les cabinets qui accommodent vne chambre doiuent aussi estre plus petits que la chambre, n'ayant point d'autres mesures prescriptes: Car on les prend ordinairement tels que la place se presente.

Des Galeries, Armureries, & Librairies.

Chapitre XVII.

Les mesures de la grandeur, & largeur de ces membres se tireront de celles qui ont esté declarées en traittant de la terrasse: Car leurs proportions doiuent estre semblables: toutesfois tant plus les galeries sont longues, tant plus sont-elles trouuées belles en France.

La hauteur de ces lieux dépend ordinairement de celle de l'eſtage dans lequel ils ſont ſituez : Toutesfois ſi la galerie eſt voûtée, & eſt d'vne grande largeur & longueur, on luy doit donner la hauteur de deux eſtages, comme aux ſalles Royales. Quand il n'y a point d'eſtage ſuperieur, on donne à ces places le plus de hauteur que l'on peut, les eſleuant en berceau, & voûté à plein cintre : Car ce faiſant, outre ce qu'elles en ſeront plus belles, elles n'en ſeront ſi ſuſceptibles des intemperies de l'air : dautant qu'eſtant baſſes, & leurs couuertures échauffées ou refroidies par les neiges, on en reſſent l'incommodité plus grande : Elles auront auſſi toutes leurs ouuertures en correſpondance par le dedans.

L'armurerie ne doit eſtre ouuerte que d'vn coſté, pour y retirer les armes plus commodement. La galerie & la librairie le peuuent estre de tous les deux, mais il faut, comme il a esté dit cy-dessus, que leurs iours ne se regardent directement.

La porte de la galerie sera au milieu de l'vn des bouts, & vne cheminée au milieu de l'autre bout. Que si la porte ne peut estre logée à cét endroit, il luy en faut feindre vne autre qui luy réponde. La librairie a aussi besoin d'vne cheminée, située de mesme que celle de la galerie.

Le cabinet de la galerie sera au bout d'icelle, du costé de la cheminée symmetrié par le dedans s'il est possible.

Il est besoin encore qu'il y ait vne assez belle montée ioignant la galerie, principalement sur le bout, où j'ay dit que la porte de l'entrée prin-

G iij

cipale de la galerie doit estre située, pour la desassujettir, & n'estre contraint de passer par d'autres lieux, quand on y voudra aller. On la peut orner en vne maison d'illustre & ancienne noblesse, des pareilles pieces* que les anciens Romains mettoient en leur Atrium.

Des Estuues, & Bains.

CHAPITRE XVIII.

LEs estuues & bains ne sont pas necessaires en France, comme aux Prouinces où l'on y est accoûtumé, & encore moins aujourd'huy en quelque pays que ce soit, qu'anciennement : dautant que les choses non accoustumées doiuent toûjours estre suspectes à nostre santé, & que nous nous en pouuons plus

---

a C'est à dire des tables Genealogiques, des bustes & des portraits des Ancestres, des marques de leurs alliances, de leurs dignitez, & de leurs belles actions.

commodement passer que les anciens, à cause de l'vsage du linge que nous auons, qui nous sert aujourd'huy à tenir le corps net, plus commodement, que ne pouuoient pas faire les estuues, & bains aux anciens, qui estoient priuez de l'vsage & commodité du linge Toutesfois, si pour quelque autre consideration vn Seigneur desire en auoir en sa maison, il les faut situer plûtost en l'estage inferieur, qu'au superieur ; tant pour la commodité d'y apporter l'eau, que pour celle des voûtes ; car ces lieux sont toûjours mieux estant couuerts d'vne voûte, que d'vn plancher. Dauantage estant situez en vn estage bas, ils ne sont sujets à la pourriture que la moiteur de l'eau pourroit apporter tant au plancher inferieur que superieur s'ils estoient de bois, & peuuent les murs au premier estage resister mieux aux poussées des voûtes, qu'aux secondes & superieures.

Quatre pieces sont necessaires pour ce sujet; dont la premiere sera la chambre du fourneau dans lequel on allume le feu, tant pour chauffer le poîle que la chaudiere du bain; Cette chambre aussi sert tant pour y retirer le bois à chauffer le fourneau, que pour y passer en portant l'eau dans la chaudiere, laquelle sera posée sur l'vne des parties du fourneau, estant soustenuë par de grosses barres de fer, & le poîle en occupera l'autre: La bouche du fourneau n'aura guere plus d'vn pied d'ouuerture, ayant au dessus vne cheminée, seruant tant à receuoir, & porter dehors la fumée du fourneau, que celle de l'eau de la chaudiere. Il n'importe pas beaucoup de quelle grandeur, ny hauteur soit cette premiere chambre, de sorte qu'on luy pourra donner telles mesures que la commodité du lieu permettra.

De cette chambre on entrera dans celle de l'estuue, dans laquelle sera le poisle, & la chaudiere recouuertes d'ouurages de poterie, ou autre ornement agreable, & situez dessus la voûte du fourneau. Cette estuue tirera son jour de la chambre du bain, n'estant separée d'icelle chambre ou cabinet du bain, que par vne cloison dans laquelle on fera des fenestres de verre, qui receuront leur lumiere de celle de la chambre ou cabinet du bain seulement : au milieu de cette cloison sera la porte par laquelle on entrera de l'estuue dans le cabinet du bain, icelle porte ayant aussi vne fenestre de verre.

L'espace de l'estuue sera petit, & sa voûte située fort bas, à la hauteur de huit ou neuf pieds pour le plus, afin de l'échauffer plus commodement. Le cabinet du bain ne sera aussi beaucoup spacieux, pour la mesme raison : On posera dans iceluy vne ou deux baignoires de figure oblongue, dans lesquelles baignoires l'eau tant chaude que froide, sera conduite par des tuyeaux de plomb, fermez par de bons robinets, pour y mettre tant & si peu d'eau, & l'arrester quand on voudra : L'eau des baignoires se vuidera par des tuyaux de plomb, en lieu commode, en ouurant à cette fin leurs robinets, quand il en sera besoin. Le cabinet doit aussi estre voûté, non pas du tout si bas que celuy de l'estuue, mais beaucoup plus orné & enrichy d'embellissement que l'estuue. Au commencement de l'arrachement de la voûte on pourra faire regner vne corniche, laquelle seruira pour poser dessus des boëtes & vases remplies de poudres, liqueurs, & compositions de senteurs. Il faut que dans le mesme cabinet il y ait vne forme de bahu de cuiure, ou d'argent, dans lequel on met vn rechaut de feu, pour deseicher, & échauffer les linges. Les voûtes tant de l'estuue, que du cabinet du bain ne doiuent estre à arestes, parce que cette forme est incommode à estre peinte.

Il est necessaire encore de sçauoir que ce cabinet ne doit auoir iour que du costé qui est opposé à la cloison qui le sepаре d'auec l'estuue. Ce iour sera fermé d'vn chassis de verre, dans lequel y aura vne coulisse qui se haussera & baissera quand on voudra, pour prendre l'air fraiz de dehors, s'il en estoit besoin, & donner aussi de l'air à ces deux chambres, si l'on veut, apres qu'on en est sorty. De ce cabinet on doit entrer dans vne chambre plus grande, laquelle sera claire, gaye, la plus ornée que l'on pourra, parée de riches tapisseries, garnie de beaux licts suiuant la diuersité des saisons, pour s'y refraîchir, & reposer au sortir du bain. Cette chambre doit estre accompagnée d'vne belle cheminée, & auoir son entrée par vn passage libre sans estre sujette à celuy d'vne autre chambre. Ce passage doit estre aussi desassujetty par vne montée commune, tant à l'entrée de cette chambre qu'à celle de la chambre du fourneau.

Des Escuyeries.

CHAPITRE XIX.

CE qui reste des autres membres & pieces du bastiment, ou est de peu de consequence n'en meritant vn traitté particulier, ou bien il a desia esté dit suffisamment par les autheurs de la maison rustique, ausquels ceux qui desireront en auoir connoissance pourront auoir recours; ou il dépend plus de la varieté de l'inuention de l'Architecte, que de certaines regles arrestées & immuables. Ie vous aduertiray seulement en ce qui regarde les escuyeries, que pour estre belles & nobles, elles ne doiuent estre à doubles rangs, ains à vn seul; qu'à cette fin elles doiuent auoir vingt-quatre pieds de largeur, trois toises de hauteur, eſtre percées, & prendre iour de part & d'autre, afin de leur pouuoir donner de la fraiſcheur pendant le temps des chaleurs, en ouurant les feneſtres dont il viendra de la fraiſcheur, & fermant les autres, qui ſeront ſituées à vn aſpect contraire. Elles ſeront eſleuées par deſſus le raiz de chauſſée le plus haut qu'on pourra, iuſques à quatre pieds ou enuiron pardeſſus la hauteur de la teſte du cheual.

Le ratelier ſera large de quelques quinze pouces, & eſleué droit, & à plomb, & non pas en pendant : Le deſſous d'iceluy ſera tout troüé, & percé par petits quarrez, afin que la pouſſiere qui eſt touſiours meſlée parmy le foin tombe par ces trous à bas ; La mangeoire aura meſme largeur que le ratelier, ſçauoir quelques quinze pouces, & ſera auſſi longue que la place du cheual eſt large, laquelle doit auoir pour le moins quatre pieds en ce sens, & & huict en longueur pour chaque cheual : L'aire de la place des cheuaux doit estre esleuée de quelques deux pouces par dessus le reste de l'escuyerie, & descendre en pente dans vne goutiere, ou rigolle de pierre située au bout de la longueur de cette place, afin que l'vrine des cheuaux se puisse mieux écouler par ce moyen. Le reste de l'aire de l'escuyerie, qui demeurera de la largeur de quelques treize pieds & demy, seruira à se pourmener par derriere les cheuaux sans crainte d'estre offencé. La porte doit auoir quelques cinq pieds de large, & de haut deux fois autant.

Il est mal-aisé de voûter l'escuyerie auec vne si grande largeur, dautant qu'il faut que la voûte soit en berceau, laquelle en cette forme, &

à vne hauteur de trois toises, requiert des murs pour la supporter seurement, de fort grande épaisseur. Neantmoins si on en veut faire la dépence, *a* l'escuyerie en est beaucoup plus belle, & plus asseurée contre les accidens du feu.

La voûtant en cette sorte, il faut faire d'autres voûtes à lunettes à l'endroit des fenestres pour l'entrée du iour.

Des parties dont sont composez les membres du bastiment, & premierement des murailles & parois.

CHAPITRE XX.

ON doit estre soigneux de trois choses par dessus toutes en vn

---

a Nous en auons vn bel exemple au palais Mazarin à Paris, où les Escuries sont voûtées à arc surbaissé, qui n'empesche pas qu'il n'y ait au dessus vne tres-belle Galerie pour la Bibliotheque.

bastiment

bastiment pour sa seureté, & conseruation, sçauoir des fondations, des murailles, & des couuertures. Il importe fort de rencontrer vn terroir ferme & solide pour y bastir commodement; autrement, outre ce que la dépence y est fort grande sans paroistre, on n'y peut demeurer en asseurance.

S'il faut creuser trop profond pour trouuer vn fond vif, solide, & ferme; Philibert de Lorme & Scamozzi se contentent de fonder seulement à vif fond des pilastres, éloignez l'vn de l'autre quelquefois iusques à huit toises, en faisant des arcades d'vn pilastre à vn autre, ayant cette longueur huit toises en diametre, sur lesquelles arcades on peut faire porter & asseoir seurement les murailles d'enhaut. La hauteur de ces arcades ne doit surpasser la ligne de terre, ains plûtost estre d'enuiron vn pied au deſſous, & n'eſt beſoin de les cintrer de charpenterie, la terre eſtant ſuffiſante à les ſoutenir.

Si on n'eſt contraint de bâtir par arcades, il faut que le mur des fondemens monte en talud ou ſoit éleué par recoupemens, & retraites en forme de degrez,^a iuſques au haut de la terre tant du coſté de dehors que de celuy de dedans du logis. Si on ne l'éleue en talud, ny par retraittes, ains perpendiculairement, & à plomb, il luy faut donner en épaiſſeur toute la largeur de la fondation, car par ce moyen, n'eſtant point recouuert ny reueſtu d'vne part ny d'autre de terre remuée, ^b le terrain

a Il ne faut iamais que les retraites ſoient plus grandes de cinq à ſix pouces, ſi le mur eſt de gros libages, ny de trois à quatre pouces, s'il n'eſt que de moilon; autrement les pierres de dehors n'ayant pas aſſez de queuë ſous le mur de deſſus, ſont ſujettes à faire bacule.

b Il ne faut pas s'attendre que le terrain, quelque ſolide qu'il puiſſe eſtre, ſoûtienne aucunement le mur par les coſtez; eſtant impoſſible de le conduire de telle ſorte dans les rigoles des fondations, qu'il n'y ait toûjours quelque jour entre la terre & le mur; outre que pour peu que le solide le soûtiendra plus fermement.

Les murailles dans les fondations doiuent estre construites de pierres de libage, principalement aux premieres assises, les plus grandes, les plus solides, & le plus soigneusement massonnées, & arrangées que faire se pourra : sans s'arrester à l'opinion de ceux qui n'y mettent que les mauuaises pierres,* & les y jettent en confusion & sans ordre, parce qu'elles ne sont pas en veuë ny exposées aux injures du dehors : Car elles ne sçauroient estre trop solidement étoffées, & bâties, puisque de leur solidité dépend toute celle du reste du logis.

terrain se lasche, il sera plus de place qu'il ne faut au mur pour s'entr'ouurir. Il faut donc que le mur prenne toute sa force & sa solidité de soy-mesme & de sa propre épaisseur.

a Cela se pratique à Rome & autour de Naples, où ils ont de la pozzolane, qu'ils jettent en confusion dans les fondations auec des moislons & des cailloux sans ordre, en les recouurant d'eau par-dessus ; parce que cette poudre à la propriété de s'endurcir à l'eau & de faire vne masse solide auec tout ce qui est meslé auec elle. Mais comme nos materiaux ne sont pas de cette nature, je croy que les

Les pierres trop dures ne font propres à bien prendre, & aspirer le mortier, la plus mauuaise de toutes pour ce sujet est celle de grais, & y a défences particulieres aux Maisons, de s'en seruir en maſſonnerie; Le bon moiſlon doit estre ferme, aspre, plat & de bonne aſſiette. Le caillou rond ne vaut rien, tant à cause de sa trop grande dureté, que parce qu'il n'a point d'aſſiette. La meilleure chaux se fait de la pierre la plus dure, & doit estre détrempée au sortir du fourneau s'il est poſſible, au moins auparauant qu'elle vienne à se separer, autrement elle perd beaucoup de sa force, & de sa graiſse: Voyez la façon comme il la faut éteindre dans Philibert de Lorme.

Tant plus le mur à chaux & sable a d'épaiſſeur, tant plus le mortier

Ouuriers sont puniſſables qui en vsent ainsi que dit cét Auteur, puisqu'il est impoſſible qu'vn bâtiment subsiste dont les fondemens sont si mauuais.

en deuient dur, & de telle forte, que plus il vieillit, plus il acquiert de dureté, jufques à en auoir vne pareille à celle de la pierre mefme, n'y ayant rien qui rende le mortier moins durable, que quand il fe feiche trop toft : C'eft pourquoy les murailles à chaux & fable, ne doiuent auoir en épaiffeur moins de deux pieds, fe portant mieux dans les eaux, dans les fondations, & proche de terre, qu'en vn endroit plus haut : Ce qui eft contraire aux murs de plaftre, car ils fe portent mieux en moindre épaiffeur, & aux derniers étages, qu'en ceux d'embas : Ils font auffi en beaucoup moins de temps plutoft fecs & plutoft fermes, mais ils font de peu de durée, à l'égard de ceux qui font à chaux & fable. Nous ne voyons point pour cette raifon aucuns murs de plaftre refter de l'antiquité, ains ceux feulement qui ont esté faits à chaux & sable, auec vne grande épaisseur.

Il faut tousiours donner à tous murs, specialement à ceux qui sont massonnez à chaux & sable au raiz de chaussée de terre, vne retraite d'enuiron vn demy-pied,*ou qu'ils soient éleuez depuis le fond en talus, par degrez, ou à plomb. Leur espaisseur dépend de la place, en laquelle ils sont situez, de leur hauteur, & de la qualité des pierres : car les murailles du dehors, & de façades sont ordinairement deux fois plus épaisses, que celles de refend. Elles doiuent aussi auoir plus d'épaisseur, selon qu'elles ont plus de hauteur. Dauantage si elles sont bâties de menu & rond moilon, ou blocage, elles doiuent auoir plus d'é-

a Si le mur des fondations est de gros libages, qui ayent leur queuë fort longue en dedans, autrement il ne faut jamais faire de retraite de plus de trois ou quatre pouces pour les raisons que nous auons dites cy-deuant.

paiſſeur que ſi elles ſont conſtruites d'vn qui ſoit grand & large, ou de pierres de taille, pour leſquelles il faut moins d'épaiſſeur que pour les autres, principalement celles qui ſont de cailloux ronds, *a* leſquels à cauſe de leur forme ronde requierent vne plus grande épaiſſeur de mur, qu'aucune autre ſorte de pierre.

Chaque étage doit eſtre auſſi recoupé, tant par dedans que par le dehors, de quelque demy pied; ſçauoir trois pouces d'vn coſté & trois de l'autre, afin que la charge du mur ſoit portée à plomb ſans incliner plus d'vne part que d'autre. Quelques maiſtres ne trouuent pas bon d'éleuer les murs juſtement à plomb, leur donnant vn pouce & demy de fruit ſur la hauteur de douze pieds.

---

a Il a rebutté cy-deſſus auec raiſon les cailloux ronds comme inutiles à la conſtruction des murs, à cauſe de leur dureté & de leur figure; ainſi je m'étonne qu'il les y admette icy.

H iiij

Les encognures doiuent estre de pierres de taille, les plus grandes qu'on pourra, ou de briques en façon de pierre de taille, & faut prendre garde à éloigner le plus qu'il sera possible les portes, fenestrages & autres ouuertures, desdites encogneures, de peur de les trop affoiblir.

Si on bâtit contre vne pente de montagne, il faut faire des contreforts, & esperons bien enliez auec les murs qui supportent le terrain distans les vns des autres de quelques deux toises, & aussi longs, que les murs qui retiennent les terres seront hauts ; Par ce moyen on diuise & rompt la force de la poussée des terres ; & les murs ausquels les contre-forts sont attachez, auront presque pareille force à resister, *a* qu'ils

---

a Et principalement si suiuant le conseil de Vitruue, l'on fait des murs au dedans des contreforts du costé des terres en forme de peignes & de scies, comme l'on, pour separer les terres comme par de petites chambres, qui interrompent le grand effort de leur poussée.

auroient, s'ils estoient presque d'espaisseur pareille à celle de la longueur des contre-forts.

Pour bien enlier les pierres de taille & les briques, " on en assiet l'vne sur sa longueur, & la prochaine suiuante sur sa largeur, puis la troisiéme sur sa longueur, en continuant tousiours de mesme.

Au second rang, il faut poser sur celle du dessous qui a esté située sur sa longueur, vne qui soit sur icelle sur sa largeur, & sur celle qui est sur sa largeur, vne qui soit au dessus sur sa longueur.

Quoy faisant, le mur en sera beaucoup mieux enlié par le dedans ; &

" Cette pratique est tres-bonne, & ie ne sçaurois approuuer ce que font ordinairement les Ouuriers dans les ouurages publics, ou de trois pierres d'vne assise ils en mettent deux de suitte en leur longueur, & vne en bouttille.
Pratique ordinaire, mais vicieuse.   Pratique loüée par l'Auteur.

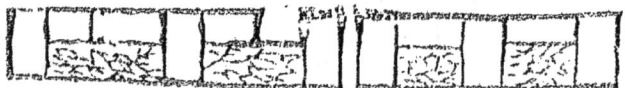

l'aspect de cette liaison, de bonne grace par dehors.

Faut encore obseruer en ce qui regarde la pierre de taille, de la tailler, layer, & trauerser à plus petits joints qu'on pourra: Pour cét effet les faut esquarrir fort iustement, tenant leurs arrestes fort viues, & pour empescher qu'elles ne s'escornent, les faut tailler sur des torchons de paille, pour les porter en besongne, les mettre sur vn bar armé de ses torchons, & les louuer, afin de les poser sur le lict auec l'engin. Palladio a remarqué que les anciens, pour empescher que le parement ne s'escornast, le tailloient premierement grossierement en ronde bosse, laquelle par apres ils raualloient, & abbatoient sur le tas.

Il faut aussi que les pierres parpaignes soient toutes à joints entierement carrez, & que les harpes, queuës, & bouts des chaînes, iambes, boutisses, estrayeres, & autres sortes d'assiettes de pierres de taille, soient bien escarries ; autrement si on n'y obserue toutes ces choses, la massonnerie n'en est iamais bonne, & encore moins belle.

Si on massonne auec du plastre, les murs pourront estre esleuez sans aucune discontinuation, dautant que le plastre se desseiche aussi-tost qu'il est appliqué : mais si c'est auec mortier à chaux & sable, il faut discontinuer le trauail, plus ou moins de temps, suiuant que le mortier est plus long à se secher en vn pays qu'en vn autre : Autrement si on trauaille à massonner sans discontinuer, la massonnerie n'en est iamais si bonne, au moins il ne faut point poser les poutres que la massonnerie ne soit bien seiche quand les murs sont de moilon ou blocage.

Mais de quelque façon qu'on maſſonne, ſoit auec plaſtre, ou auec chaux, il faut touſiours conduire la beſongne à niueau, & non iamais par eſpauletées, ſi on deſire faire vne liaiſon, qui ne ſe fende, ny entr'ouure point ; ce qui arriueroit autrement, à cauſe que la maſſonnerie deſia ſeiche, ſe ſepare aiſément de celle qui eſt nouuellement & fraiſchement faite, quand elle vient à ſe deſſeicher.

Les murs de ſeparation, ou refend ne ſont neceſſaires qu'aux endroits où l'on veut appliquer & eriger des cheminées, ou faire porter des poutres ; Aux autres lieux où l'on ne veut aſſeoir ny cheminées ny poutres, il n'eſt beſoin que d'vne cloiſon de l'eſpaiſſeur de quelque demy pied au plus, quand on veut ménager de la place ; autrement, le mur de maſſonnerie vaut touſiours mieux que celuy de cloison, dautant qu'il enlie mieux les murs des façades, leur seruant comme de contre-fort; ce que ne peut faire le mur de cloison, lequel outre ce defaut, est sujet à porter des vents coulis dans les chambres, s'il n'est contre-latté, & reuestu d'enduit, dautant qu'il y a tousiours des petites fentes & separations entre le bois & la massonnerie: Or quand il faut recouurir & enduire vn mur de cloison, il va pour mur de massonnerie à Paris, c'est pourquoy on ne doit iamais se seruir de murs de cloison aux lieux où ils sont aussi chers que ceux de massonnerie, si ce n'est, comme il a esté dit, pour ménager de la place, mais cette consideration est de peu de consequence, à l'égal de ses autres incommoditez.

Des Portes.

Chapitre XXI.

LEs portes sont de deux sortes, rondes ou quarrées, & chacune d'icelles grande, moyenne, ou petite. Les Anciens n'ont iamais donné la forme ronde qu'aux grandes, ny iamais aux grandes qu'à celle des arcs triomphaux, & autres grands passages publics ; ne s'en estant iamais seruy aux bâtimens particuliers, ny mesmes aux temples, à ce que remarque Scamozzi.

Celles par lesquelles passeront les carrosses, auront pour le moins six pieds de large, auquel cas elles seront rondes & cintrées.

Les autres grandes, qui ne seruent d'entrée à vne court, ains seulement au corps de logis, & par lesquelles

les carrosses ne doiuent passer, n'excederont la susdite largeur de six pieds, & seront plus belles quarrées, que rondes. Les plus petites n'auront moins de deux pieds & demy, les autres diminuëront en largeur depuis six pieds iusques à deux & demy, suiuant la grandeur ou petitesse des lieux dans lesquels elles nous donnent entrée. Leur hauteur sera tousiours pour le moins double à leur largeur. Les plus petites ayant pour le moins six pieds & demy de haut : Car il faut tousiours, pour le moins, laisser autant de vuide par dessus le haut de la teste en passant, que les espaules ont de largeur au deçà & delà d'icelle.

Quand elles passeront trois pieds en largeur, elles auront leurs ouuertures fermées par deux huisseries, se ioignant au milieu : Leurs fueillures seront faites en sorte, & de telle largeur, que l'huisserie estant ouuerte, le bois qui bat contre la feuillure ne s'auance point au dedans outre le jambage.

On les biaise quelquefois pour gagner dauantage de place en quelque lieu, ou obtenir quelque symmetrie, qu'on ne pourroit auoir autrement: Mais cela ne se doit iamais pratiquer aux principales entrées, ains en celles-là seulement qui ne sont beaucoup frequentées.

Elles ne doiuent iamais, non plus que les fenestrages, se rencontrer au dessous d'vne poutre, autrement on la feroit porter à faux.

Si on les peut tellement situer, qu'elles se regardent toutes directement, en sorte qu'on puisse à trauers icelles voir de l'vn des bouts du logis à l'autre, & qu'à chacun de ces

deux

deux bouts y ait deux feneſtres, & ouuertures diametralement oppoſées, cette diſpoſition apportera non ſeulement de la beauté, mais auſſi de la commodité au logis: Car par ce moyen il paroiſtra auoir plus de grandeur, & les deux feneſtres eſtant ouuertes l'Eſté, on ſentira touſiours vn rafraîchiſſement de vent fort agreable à l'endroit de ces portes, quelque chaleur qu'il faſſe. Les Italiens pratiquent cette diſpoſition aſſez ſoigneuſement.

Il ne faut pas s'oublier encor de leur donner par deſſus vne décharge, & arc de maſſonnerie, afin que le mur portant ſur leur couuerture, ne la caſſe en s'affaiſſant. A quoy il faut prendre garde auſſi, en baſtiſſant les feneſtres, & toutes autres ſortes d'ouuertures, & de ne les approcher trop prés des encognures

I

du bâtiment, de peur de les rendre trop foibles, comme il a esté dit cy-deuant.

Des Fenestrages, & Iours.

CHAPITRE XXII.

IL y a trois principales sortes d'ouuertures pour receuoir du iour, sçauoir, soûpiraux, croisées, & lucarnes ; l'ay traitté suffisamment des soûpiraux, en rapportant les mesures & proportions des parties de la caue.

Toutes ouuertures ont ce precepte general & commun, que celles qui sont en vn mesme estage, doiuent estre de mesme niueau, quand on peut, tant pour l'assiette de leur appuy, que pour celle de leurs tableaux & couuertures : Que s'il y en doit auoir

FRANÇOISE. 131

quelqu'vne * plus haute, ou plus basse, ou plus grande, ou plus petite que les autres ; ou elle doit estre située au milieu, ou si elle se trouue à costé, il y en doit auoir vne toute pareille de l'autre, qui soit egalement distante du milieu : Cette mesme regle conuient aussi aux portes, & à toutes autres sortes d'ouuertures, niches, & figures situées au dehors : Il faut aussi qu'elles soient posées à plomb les vnes sur les autres.

Quand on ne peut rencontrer la symmetrie comme on desireroit, il est permis d'en representer quel-

a L'on peut bien voir quelques portes & fenestres dans vne façade de bâtiment, qui ne sont pas si larges que les autres, & l'on les y souffre, s'il y en a de l'autre costé dans la mesme face d'autres qui leur soient égales, & qui leur répondent en symetrie ; Mais il ne s'en voit pas qui ayent vne inégale hauteur ; Et ie tiens pour regle indispensable dans l'Architecture, que les appuis & les linteaux de fenestres d'vn mesme estage & dans vne mesme face, soient tous dans vn mesme niueau ; Et l'exemple des fenestres qui sont à costé du gros pauillon du Louure, dans la façade qui regarde la cour des Cuisines, n'est point à imiter.

I ij

qu'vne en finte, ou la rendre biaise par le dedans, en quelque lieu qui ne soit pas beaucoup en veuë, mais il ne faut pas auoir recours à cette pratique, qu'à toute contrainte.

Quand quelque escalier, ou vis, qui n'a pas besoin du iour d'vne croisée entiere, contraint d'asseoir à costé vne fenestre en plus haute, ou plus basse assiette que les autres, & qu'on n'en peut situer vne autre de l'autre-part en mesme assiette, & correspondance ; il faut poser la croisée de cét escalier au mesme niueau & allignement des autres, en mettant en finte les parties d'icelle qui requierent estre murées par le dedans, & tenant les autres ouuertes.

Elles sont plus agreables, comme aussi toutes autres sortes d'ouuertures, quand elles sont plûtost en nombre impair, qu'en celuy qui est pair.

FRANÇOISE.

Le lieu qui n'aura que dix-huict ou vingt*pieds de large, ne doit auoir les feneſtres, ſi on le peut, que de quelques quatre pieds de large, entre-joüées des pieds droits.

Celuy de vingt iuſques à vingt-deux, les aura de quatre pieds & demy, celuy de vingt-deux iuſques à vingt-quatre, d'enuiron cinq pieds, ſi elles ſurpaſſent vingt-quatre iuſques à vingt-ſept, elles feront de cinq pieds & demy, pour vingt-ſept iuſques à trente, elles peuuent eſtre commodement de ſix pieds. Quoy que ces meſures ſoient bien proportionnées à la grandeur de leurs places, elles ſont neantmoins rarement gardées : Surquoy il eſt bon de ſçauoir, que la multitude des iours ſe donne à proportion de la longueur

*Cette largeur ne ſe prend pas icy pour l'eſtenduë de la face du bâtiment, mais pour ſa profondeur, c'eſt à dire pour l'eſpace compris entre les principaux murs, quelque longueur qu'ils puiſſent auoir.

des places: Car plus vn logement est long, plus il doit auoir de iours: mais cela doit estre tellement proportionné, qu'il n'y en ait ny trop ny moins : dautant que le trop le rend froid l'Hyuer & chaud l'Esté, & le moins le rend mélancholique & obscur.

Quoy que ce soit, c'est chose asseurée, que les chambres qui sont tournées au midy, n'ont besoin de tant d'ouuertures, que celles qui regardent le Septentrion: à cause que la partie du Ciel, qui est du costé du midy, est tousiours beaucoup plus lumineuse, que celle qui est au Septentrion. C'est chose certaine aussi, que plus le iour vient de haut, plus il est clair & vif : tellement que pour cette raison les estages beaucoup exhaussez n'ont besoin de tant d'ouuerture, que ceux qui sont plus bas : Car il n'y a que le iour qui vient directement & immediatement du Ciel, qui donne vne bonne clairté, la reflexion n'en donnant qu'vne bien foible, & tousjours obscure, à l'égard de l'autre, mesme la partie du Ciel la plus esleuée sur l'horizon, donne plus de lumiere que celle qui l'est moins, si ce n'est lors que le Soleil est en la partie inferieure du Ciel.

La hauteur des croisées sera bien proportionnée, quand elle contiendra deux fois leur largeur, & outre ce vne sixiéme partie de ladite largeur. Philibert de Lorme veut que cette hauteur finisse en arriere voulsure le plus prés des soliues qu'on pourra, comme d'vn demy pied ou enuiron, & soit du moins tousiours plus esleuée que l'arrachement, ou commencement des poutres : Ce precepte toutesfois n'est bon à garder qu'aux logis mediocres, dont les planchers ne font gueres exhauffez afin de donner plus de clairté. Car aux bâtimens nobles & grands, aufquels les eftages ont vne grande hauteur, le deffus des feneftres ne doit approcher de fi prés les foliues; ains doit eftre plûtoft abaiffé au deffous des poutres, tant afin de faire regner vn architraue au deffous d'icelles, que pour ne gafter la beauté, & le iour des peintures qui pourroient eftre dans les plas fonds; aufquelles le trop grand iour nuit tousjours.

L'appuy des feneftrages ne doit auoir que trois pieds de haut, & de large quelques dix pouces, afin de pouuoir voir plus commodement iufques au pied du mur : joint que s'il eftoit plus large, la pluye tombant fur iceluy, rejalliroit le long des feneftres dans les chambres: c'eft pourquoy pour rompre & rejetter au dehors ce rejalliſſement, il eſt bon que le deſſus dudit appuy ne ſoit point à niueau, ains qu'il deſcende vn peu en pente du coſté de dehors.

Il faut tenir leurs meneaux, & croiſillons *a* deliez & minces, afin d'auoir plus de iour, comme de quatre à cinq pouces en largeur, & de neuf ou dix en eſpaiſſeur, ſuiuant celle de l'appuy : Toutesfois ſi les croiſées n'excedent point quatre pieds en largeur, il n'eſt beſoin que leurs meneaux & croiſillons ſoient de pierre, ains de bois, de l'eſpaiſſeur de deux ou trois pouces ſeulement. Surquoy il faut prendre garde d'aſſeoir tellement les croiſillons, ſoit

---

a Il ſemble que cet Auteur entende que l'on faſſe encore des meneaux & des croiſillons de pierre aux feneſtres qui ont plus de quatre pieds de large ; Ce qui n'eſt pourtant plus en vſage, non pas meſme aux feneſtres d'Egliſe, à cauſe de leur peu de ſolidité, de leur charge, & de l'eſpace qu'ils occupoient dans les ouuertures des bâtimens.

de bois ou de pierre, qu'ils soient tousiours situez au dessus de l'œil, autrement ils empeschent beaucoup la veuë de dehors.

Les fueilleures n'auront au plus que trois pouces de largeur, suiuant la grandeur des fenestres, afin que les chassis des verrieres ne puissent empescher, & retraissir le iour, en s'auançant en dedans l'ouuerture des fenestrages. Leurs escoinsons seront suffisamment embrasez, tant pour espandre dauantage le iour dans les chambres, que pour empescher que les volets s'auancent hors du mur à costé d'iceux : Que si lesdits volets surpassent estant ouuerts l'espaisseur du mur, il les faudra faire brisez à l'endroit ou l'espaisseur du mur finira.

On auance en quelques *a* endroits

a Il ne parle point en ce Chapitre des Balcons, dont l'vsage est tres-commun en Espagne & en Italie ; & qui réüssissent fort bien en France, où les balustres se font principalement en Allemagne, le chassis de verre des fenestrages sur le dehors de neuf ou dix pouces, ce qui apporte beaucoup de commoditez: Car par ce moyen, outre ce que l'appuy estant enfermé au dedans de la chambre, ne peut moüiller la chambre par le rejallissement de la pluye le long du verre, il sert comme de petite table au dedans de ladite chambre. Dauantage, on peut sans estre veu, ny ouurir la fenestre, voir au dehors non seulement par le deuant, mais aussi par les costez & par bas.

de fer, qui ne charge quasi point, & ne tient point de place; L'on en met mesme sur les corniches du premier estage qui tournent tout à l'entour du bâtiment, en quelques-vnes des Maisons Royales.

L'ARCHITECTVRE

Des Cheminées, & des moyens de les empescher de fumer.

CHAPITRE XXIII.

LA grandeur des *a* cheminées doit estre proportionnée à celle de la place où elles seront situées,

a Quoy que l'Autheur rapporte plusieurs choses tresconsiderables en ce Chapitre ; il y a pourtant quelques vsages qui se sont introduits depuis le temps qu'il a écrit, dont il est bon de parler. La pratique ordinaire de son temps estoit d'adosser les tuyaux des Cheminées des diuers estages l'vn deuant l'autre ; Ce qui faisoit auancer les jambages & les manteaux si auant dans les chambres des estages superieurs, qu'ils en occupoient la plus grande partie ; Mais l'on a maintenant trouué l'inuention de les faire passer à costé l'vn de l'autre ; & le biais que l'on leur donne dans la hotte les fait rejoindre & s'acoster pour sortir ensemble hors du toit dans vn mesme tuyau qui les contient tous, separez neantmoins par des languettes, dans sa longueur, au lieu que cy-deuant il les enfermoit dans sa profondeur. L'on craignoit au commencement que ce biais ne fut sujet à la fumée & au feu ; Mais l'experience a fait connoistre qu'il n'apportoit aucune de ces incommoditez de soy-mesme, pourueu que le tuyau n'ait rien qui l'arreste

FRANÇOISE. 141

ayant en largeur pour le moins quatre pieds, & pour le plus sept, leur hauteur de quatre pieds, iusques à quatre & demy pour le plus, depuis l'aire de la chambre iusques sous le manteau, lequel doit estre conduit dans son estenduë, & qu'il ait assez de largeur pour estre tenu net. Les plus grands desordres du feu viennent de la malice ou de l'ignorance des Ouuriers qui font passer des poutres, des soliues & d'autres bois au trauers des tuyaux, se contentant de les recouurir d'vn peu de plastre; A quoy l'on a esté contraint de pouruoir par vn tres-beau reglement de Police du 26. Ianuier 1672. Qui en sub-

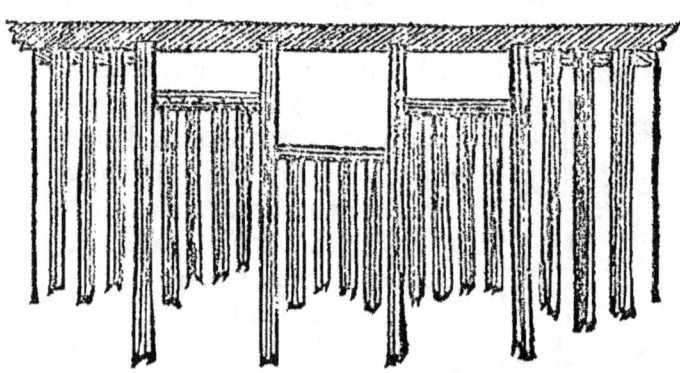

stance deffend de faire porter les Atres sur poutres ou soliues, ny de faire passer aucun bois dans les cheminées; Enjoint de faire des encheuestrures sous les Atres, & en tous les estages à l'endroit des tuyaux, dont la largeur soit au moins de quatre pieds d'ouuerture, & trois pieds de profondeur depuis le mur jusqu'au cheuestre; & de recouurir les cheuestres & leurs soliues de 6. pouces de plastre soûtenu de cheuilles de fer de 6. à 7. pouces de longueur; en sorte qu'apres le recouurement il y ait au moins trois pieds d'ouuerture au tuyau dans œuure, & 9.

à plomb par le dehors, ensemble les pieds droits, & leurs costez iusques au plancher. Quand le manteau est bas, le feu en offence moins la veuë, & la fumée ne s'en répand si-tost par la chambre, dautant que la hotte par ce moyen estant plus droite,

à 10. pouces de largeur. Les languettes de plastre auront au moins 2½ pouces d'épaisseur. Ce qui se peut assez entendre par ce dessein qui a esté joint à l'Ordonnance de Police.

L'on taschoit cy-deuant d'adoucir la difformité de ces auances des cheminées au dedans des chambres en les chargeant de beaucoup d'ornemens; Et nous en voyons de tres-belles, & qui ont cousté infiniment; mais à present cette dépense est inutile; & comme le manteau auance peu, l'on se contente d'vn seul chambranle & de quelque tableau au dessus. A Venize les cheminées se font dans l'épaisseur du mur, & leurs tuyaux percent au long du mur par le dehors, mesme dans les ruës; Ce qui ne se peut pratiquer à Paris que sur les murs qui regardent les cours. Ils font en Suede des petites cheminées rondes dans le coin de la chambre où ils brûlent le bois debout, & ils bouchent le haut du tuyau dans la hotte, lors que le bois est tout consommé, en sorte qu'il ne fasse plus de fumée ny mesme de vapeur; & cela conserue vne chaleur fort long-temps. L'on commence à voir à Paris des petites cheminées à l'Angloise pour des cabinets, elles sont faites de plaques de tole ou fer fondu, tant pour l'Âtre & le Contre-cœur, que pour les costez des jambages.

elle renuoye plus droit la fumée qui pourroit battre contre, dans le tuyau: Il faut pour cette raison, afin d'auoir la hotte plus droite, que le manteau ne s'auance plus de deux pieds & demy dans la chambre, si ce n'est en vn lieu tel qu'vne cuisine, où l'on fasse vn feu fort grand & large, parce que d'autant plus qu'il se jette en dehors, specialement si le plancher est bas, dautant plus la hotte est couchée.

Pour cette consideration les pieds droits ne se rejetteront en hotte au dedans de la cheminée, comme on a accoustumé de faire, ains seront conduits à plomb du moins iusques au dessus du plancher, specialement aux chambres où l'on fait vn feu fort long & estendu.

Le contrecœur sera conduit depuis l'aire du foyer iusques à l'endroit du plancher quelque peu en talud: Car la fumée frappant contre se refléchira plûtoſt dans le tuyau. Il eſt beſoin auſſi, conformement à l'aduis de M. Iean Bernard, en ſon traité de la fumée, pour donner plus facile iſſuë à la fumée, que l'ouuerture de la cheminée ſoit (contre l'opinion & la pratique commune) plus large par le haut, qu'à l'endroit du plancher, en augmentant ſon ouuerture par le haut, d'vn pouce ſur la hauteur de vingt pieds, & de trois pouces ſur celle de ſoixante pieds. Tout le dedans du tuyau doit eſtre conduit le plus vniment, & poliment que faire ſe pourra, afin que l'inégalité ne puiſſe rabatre la fumée.

Pour éuiter encores cette inégalité, il ne faut laiſſer les cheminées long-temps ſans les nettoyer, dautant que la ſuye s'y amaſſe à monceaux inégaux.

Or

FRANÇOISE.

Or il ne suffit que la cheminée soit bien conduite, si le feu qu'on fait dessous n'est proportionné à l'ouuerture de son tuyau : Car comme la flamme se resout en air, en vent, & en suye, si par le moyen d'vn trop grand feu il s'en resoluoit en plus grande quantité qu'il n'en peut sortir par l'ouuerture, cét air qui emporte la fumée seroit contraint de refluer auec icelle par la chambre : Dauantage, parce que c'est la flamme qui produit l'air, & le vent qui chassent la fumée, & la font monter, & que c'est l'air aussi & le vent qui nourrissent & augmentent la flamme, s'il n'y a de la flamme suffisamment, la fumée ne pourra toute monter : C'est pourquoy quelquefois en augmentant la flamme on fait cesser la fumée, & qu'au commencement qu'on allume le feu il y a de la fumée par la cham-

K

bre, iusques à ce que le feu aye de la flamme suffisamment.

Pour cette raison aussi on entr'ouure quelque fenestre ou porte, afin que l'air qui suruient en la chambre agitant la flamme la puisse faire augmenter, & aider l'air, & le vent d'icelle à chasser en haut cette fumée.

Il est necessaire encores pour empescher de fumer, que la chambre aye vne suffisante grandeur : Car il fume ordinairement aux garderobes, & petits lieux, si on n'y tient continuellement vne porte, ou vne fenestre entr'ouuerte, tant parce que le feu de la flamme deuore & enleue auec soy vne grande quantité de l'air de la chambre ; qu'en ce que la flamme a besoin continuellement d'air pour s'entretenir. De sorte que s'il n'en rentre autant dans la chambre, ce qui ne se peut faire aux petites places quand le feu y est grand, que la flamme en consomme & fait exhaler par la cheminée, la flamme s'amortit, & la fumée augmente, dautant que la flamme n'est autre chose qu'vne fumée allumée, & la fumée vne flamme esteinte, ou non encores allumée. C'est pourquoy les bois qui ne rendent guere de flamme rendent beaucoup de fumée, & les autres au contraire: d'où vient que les bois secs font tousiours beaucoup moins de fumée que les verds.

Il fume encore aux petites chambres quand elles sont trop échauffées, à cause que la fumée qui suit naturellement la chaleur, rencontrant en ces petits lieux l'air quelquefois aussi chaud que dans le tuyau de la cheminée, elle tire & s'en va aussi-tost dans la chambre que dans la cheminée.

K ij

Il y a encore vne autre raison pour laquelle il fume dans les petits logemens, quand les tuyaux des cheminées ont trop de longueur; c'est que le feu ne pouuant tirer assez d'air & de vent par les iointures des portes & fenestrages, qui n'y sont pas en grand nombre, il est contraint de le tirer par les bouts & costez trop longs du tuyau de la cheminée, ce qui est cause que l'air & le vent attirez de haut en bas, pour la nourriture & vigueur de la flamme font deualler auec eux la fumée, laquelle par apres se répand par toute la chambre, ce qui n'arriueroit pas si la fumée ne redescendoit que par le milieu du tuyau, à cause que par ce moyen elle seroit rabatuë dans la flamme, dans laquelle elle se consommeroit & recuiroit, en sorte qu'elle ne seroit plus cuisante aux yeux: Dautant que la fumée separée

& chassée par le feu, ou la chaleur en haut, n'est autre chose qu'vne suye resoute en vapeur & exhalaison, ou pour le dire en termes plus briefs, vne suye rarefiée, & la suye vne fumée condensée: Or la suye estant recuite & enflammée, ne retourne plus en fumée qui soit cuisante aux yeux: C'est pourquoy aux grandes fournaises, telles que celles des verriers, le bois ne fume point, dautant que la fumée se meslant, & tournoyant dans le fourneau auec la flamme, s'y enflamme, & recuit en sorte qu'elle ne donne plus aucune cuison aux yeux, la fumée estant aussi bien enflammable, & combustible que la suye, puisque ce n'est qu'vne mesme matiere.

On se peut garantir de la fumée dans vn petit lieu assez commodement par ce moyen. Il faut reserrer & retraissir à l'endroit du plancher la longueur du tuyau, en forte qu'il n'aye guere plus d'vn pied de long en cét endroit: il faut outre ce, releuer le foyer d'enuiron quatre pouces, abaisser le manteau si bas, qu'il n'aye guere que trois pieds de hauteur, depuis l'air du foyer, & reserrer l'ouuerture de la cheminée entre les iambages tellemét de part & d'autre, que la largeur ne soit aussi que de quelques trois pieds, faisant cette ouuerture en forme d'arcade, & tellement que ce ne soit presque plus qu'vn chauffe-pieds. Quand on dispose la cheminée de cette sorte, il faut que les iambages ne soient conduits à plomb par dedans, mais en hotte, icelle commençant à la hauteur des trois pieds susdits, & finissant à l'endroit où l'ouuerture du tuyau a esté retressie par les costez: En cette façon la fumée ne peut estre rabatuë en bas par les coſtez, ains ſeulement par le milieu, auquel endroit ſi elle eſtoit repouſſée, elle ſe remeſleroit auec la flamme, parmy laquelle ſe recuiſant, elle ne pourroit plus cuire aux yeux comme il a eſté dit cy deſſus : Dauantage la fumée ſortant par cette ouuerture, retreſſie & rentrant en vn eſpace plus ample, elle en a ſa ſortie plus aiſée : Il faut qu'en cette ſorte de cheminée les buches ſoient courtes, en ſorte qu'elles n'excedent la longueur d'vn cotrait.

Quand il y a deux cheminées poſées en vn meſme eſtage, principalement en meſme mur & d'vn meſme coſté, ce qui ſe rencontre ſouuent aux corps de logis doubles, il fume preſque touſiours dans l'vne des chambres, principalement dans la plus petite, s'il y a du feu allumé en toutes les deux en meſme temps : Mais on peut éuiter cét inconuenient en pratiquant cette forme de cheminée dans la plus petite chambre.

Il y a encore vn autre moyen d'empefcher la fumée en quelque lieu que ce foit, grand ou petit, qui ne doit eftre obmis, à caufe qu'il eft fort facile & de peu de frais. On applique premierement fur le foyer vne grande placque de fer, & prefque de mefme longueur, & largeur que tout le foyer, qui foit toute percée de plufieurs petits trous fort prés à prés les vns des autres, & efleuée par deffus l'air du foyer d'enuiron de trois ou quatre pouces : On met fur cette placque vne grille de fer haute de huict ou neuf pouces, aufsi longue que les buches qu'on doit pofer deffus, & large à proportion de la largeur du feu qu'on y peut faire, ayant fes barreaux fort proches les vns des autres, de forte qu'il y a comme trois eſtages; le premier & le plus haut eſt deſtiné à receuoir le bois, le ſecond à receuoir les charbons, & le troiſiéme les cendres, au trauers duquel l'air & le vent eſtant porté en haut, rend les charbons allumez comme dans vn fourneau à vent, augmente la flamme, & par ce moyen diminuë la fumée, & pouſſe le reſte d'icelle en haut auec plus grande force & vigueur.

Il eſt bon de noter icy que l'air & le vent, ſans leſquels le feu ne peut s'allumer & flamber, ny la fumée monter, n'y doiuent eſtre pouſſez, ny aller & courir auec impetuoſité & viſteſſe, ains y doiuent ſeulement eſtre attirez par le feu, autrement ils chaſſeront plûtoſt la fumée dans la chambre, que dehors par la cheminée, & que les cheminées nouuellement faites fument preſques toutes, iuſques à ce qu'elles ayent pris quelque crouste de suye.

Si on sçait bien considerer, conduire, & mettre en pratique toutes les choses susdites, il sera rarement besoin des Æolipiles de Vitruue, des soûpiraux de Cardan, des molinets à vent de Maistre Iean Bernard, des chapiteaux de Serlio, d'vne confusion d'artifices de Philibert de Lorme, des inuentions de Paduanus, ou des tabourins à giroüettes, parce que si quelques-vnes de ces choses seruent en vn temps, elles nuisent dauantage en vn autre, si elles aident d'vne-part, elles sont plus dommageables d'autre, & incommodent souuent les cheminées, & chambres qui ioignent celles qu'on veut soulager, ne pouuant estre vtiles sinon lors que la cheminée est toute seule, & separée d'autres.

Des moyens d'esteindre facilement & promptement le feu qui s'est mis dans une cheminée.

CHAPITRE XXIV.

IL y a deux actions continuelles en la flamme, sans lesquelles elle s'esteint, & meurt incontinent : La premiere se fait par l'expulsion de son excrement fuligineux ou suye. La seconde par l'attraction de l'air. Elle fait la premiere par la partie superieure, & la seconde par l'inferieure : Si bien que si elle estoit empeschée non seulement en toutes ces deux actions, mais mesme en l'vne d'icelles, elle s'amortiroit tout aussi-tost.

Dautant qu'on ne peut esteindre vn grand feu auec l'eau qu'en y en répandant dessus vne bien grande quantité tout à la fois, autrement elle sert plus à luy augmenter ses forces, qu'à les diminuer, & que cette effusion d'eau ainsi copieusement & promptement, ne se peut faire que fort mal-aisément au dessus d'vne haute cheminée, à cause de la difficulté qu'il y a de l'y porter soudainement en vne grande abondance. On a trouué vn autre expedient plus facile en deux façons : dont la premiere se fait en fermant exactement la porte de fer, dont il sera parlé au Chapitre suiuant ; & la seconde, au defaut de cette porte, en bien bouchant & estoupant, auec quoy que ce soit, l'emboucheure de la cheminée, soit l'ouuerture qui est sous le manteau entre les pieds droits, ou celle qui est au dessus du manteau à l'endroit du plancher, comme en cét endroit, auec de gros botteaux de foin fort mouillez, & fort trempez, en les y poussant, & faisant entrer à force, sans que neantmoins ils puissent monter plus auant par l'attraction du feu : Car par ce seul moyen la flamme ne pouuant plus receuoir d'air par le dessous s'esteindra, & amortira presque toute : mais pour ce faire plus promptement, il faut incontinent apres, & presque en mesme temps, couurir le dessus de la mesme cheminée auec de pareils botteaux fort mouillez, sans qu'ils soient tant pressez que les premiers, en les arrousant & iettant par dessus continuellement le plus d'eau qu'on pourra ; ce faisant, l'eau ne laissera pas de couler au trauers du foin, pour n'estre les botteaux beaucoup pressez. De sorte que la suye ne flambera plus, la flamme estant empeschée en ces deux actions, & le brasier par apres s'esteindra aisément par le moyen de l'eau qui ne laissera pas de tomber dessus, & mesme de l'esteindre, quoy que la cheminée ne fust point bouchée par le dessus, mais non du tout si promptement.

Des moyens d'échauffer une chambre auec moins de bois que de coustume.

Chapitre XXV.

SI on iette de l'eau froide par dessus de l'eau chaude, cette-cy gagnera tousiours le dessus : mesme quand on fait chauffer de l'eau, quoy que le dessus soit tout boüillant ; le dessous neantmoins n'est iamais si chaud, à cause que ce que le feu a échauffé par le dessous s'esleue incontinent en haut. Or ce qui se fait en l'eau, se fait pareillement en l'air : Tellement que si on fait le foyer d'vne cheminée de grandes platines de fer qui soient releuées par dessus le carreau de quelques trois pouces, & que l'espace qui est entre les carreaux & les platines soit vuide, que pareillement le contrecœur de la mesme cheminée soit faite d'vne grande platine de fer, le derriere de laquelle soit pareillement creux & vuide, distant du mur aussi d'enuiron trois pouces, & qu'au dessus de ce creux il y ait deux ouuertures, vne de chaque costé des iambages en dedans la chambre: Le feu échauffant ces platines, échauffera quant & quant l'air qui est au dessous & au derriere d'icelles ; lequel air estant échauffé, sera contraint de tendre en haut, & par ce moyen de ressortir chaud par les deux superieures ouuertures susdites, & de là se répandre par apres par toute la chambre, au lieu duquel en rentrera continuellement vn autre, de crainte du vuide, lequel estant aussi bien échauffé que le premier, remontera tout aussi-tost, & repassera dans la chambre par les deux ouuertures susdites, à l'endroit desquelles si on met quelque menu linge on le trouuera incontinent desseché, ou bien si on tient & enferme aux mesmes endroits quelque chose qui aye besoin d'estre tenuë sechement pour sa conseruation, comme du sel, du sucre, des confitures seiches, & autres choses semblables, elles s'y conserueront tres-bien. La cheminée du cabinet des liures au Louure, & celle de la principale chambre de la pompe à Paris, sont accommodées en cette façon auec les susdites platines.

Scamozzi escrit, qu'en Angleterre on échauffe la chambre encor d'vne autre sorte par le moyen d'vne d'vne porte de fer legere qui se puisse ouurir & fermer aisément quand on voudra, sans nuire estant ouuerte au passage de la fumée, & estant fermée, estouper toute l'ouuerture de l'embboucheure de la cheminée. Quand on a donc vn brasier bien allumé, ce qui se peut faire en peu de temps, bruslant vne couple de cottraits seulement, on retire tous les tisons du feu qui pourroient causer de la fumée: cela fait, on ferme cette porte de fer, si bien que par apres la chaleur du brasier ne pouuant plus s'exhaler par le tuyau de la cheminée, elle est contrainte de se répandre & rejetter par toute la chambre, ce qui l'échauffe aussi bien & mieux qu'vn poisle.

Il y a encor vn autre moyen d'échauffer vn petit cabinet ou garderobbe sans y faire du feu, & sans auoir aucune cheminée, quand ils

L

sont situez joignant la cheminée d'vne chambre, dans laquelle on fasse du feu. Pour cét effet, il faut auoir la plus grande platine de fer qu'on pourra, qui serue de contrecœur, & qui ne soit point recouuerte par derriere de bricque, ny de muraille aucune ; ains entierement à découuert, tant du costé de la chambre que dudit cabinet ou garderobbe : Car cette platine estant échauffée, échauffera aisément par sa chaleur le cabinet qui sera de l'autre costé, & presque aussi facilement qu'vn poisle, n'y ayant point de cheminée. Cét artifice ne se peut pratiquer quand il se rencontre au dessous vn tuyau de cheminée qui passe entre le contrecœur de la chambre & le mur du cabinet ou garderobbe.

Des Voûtes.

CHAPITRE XXVI.

ON voûte *ordinairement les caues & les offices qui font dans terre, & quelquefois tout l'étage bas, la chappelle, le cabinet à garder les titres & papiers de confequence, & la galerie.

Toutes les voutes qui font en un eftage peu efleué doiuent eftre furbaiffées; car autrement on ne pourroit aller le long des murs qui fupportent la voute, qu'en fe baiffant. Aux autres eftages qui font fort efleuez, elles doiuent auoir leur plein

* Outre les voûtes de pierre dont l'Autheur parle pour les eftages bas, il y en a de legeres que l'on appelle des Cintres pour les pieces des principaux appartemens, & qui font à prefent fort en vfage; Elles fe font de Charpente que l'on couure de Cannes, de batons fendus ou de lattes cloüées prés à prés, pour foûtenir vn enduit de plaftre ou de mortier pour peindre à frefque.

cintre, pour eſtre cette forme plus belle, & plus forte que la ſurbaiſſée : toutesfois la ſurbaiſſée eſt fort convenable à la peinture. Celles d'arreſtes n'ont pas ſi grande pouſſée, à cauſe qu'elles ne la font qu'obliquement ; mais elles donnent d'autre part des incommoditez bien grandes, & entre-autres, qu'elles empeſchent trop les jours, & ouuertures des croiſées, ſi elles ne ſe rencontrent au milieu, ce qui arriue bien rarement, & qu'elles ne ſont propres pour les peintures, comme celles qui ſont en berceau, leſquelles doiuent eſtre ſupportées toûjours par les murs des façades, & non par ceux de refend, afin de prendre commodement dans icelles l'ouuerture des croiſées, la hauteur deſquelles doit eſtre toûjours au deſſous de l'impoſte des voutes, quand elles doiuent eſtre peintes, ce qui n'est pas necessaire aux autres qui n'ont besoin d'estre ornées de peintures, comme celles des offices, aufquels il n'importe si les fenestrages percent, & coupent la voute: Car en ce cas on fait vne lunette dans la voute au dessus de la fenestre, laquelle par ce moyen n'est aucunement difforme à la veuë, l'étant toutefois en toute autre sorte de voute que celle qui est en berceau ou en arc de cloistre, si elle ne se rencontre de cas fortuit au milieu.

Des Planchers.

CHAPITRE XXVII.

IL faut que les poutres ne soient pour le plus esloignées l'vne de l'autre que de douze pieds, & de six pour le moins. L'espace entre les soliues sera aussi large que la soliue est haute, quand on la tient plus haute ou épaisse que large. La grosseur des poutres sur la portée de vingt pieds sera de seize pouces au moins, & à viues arrestes, de vingt jusques à vingt-quatre pieds elle croistra à proportion jusques à dix-huict pouces : & de vingt-quatre jusques à trente pieds, augmentera depuis dix-huict jusques à vingt-deux pouces, mesme jusques à deux pieds. Les soliues sur la portée de six pieds doiuent estre de quatre pouces de largeur, & de six d'épaisseur : Sur celle de quinze pieds, s'il s'en rencontroit quelqu'vne de cette longueur, de huict pouces de largeur, & de douze de hauteur, ou épaisseur, les tenant toûjours plus hautes que larges de la moitié, à l'imitation de la forme & disposition des triglyphes, qui nous representent la hauteur, la largeur, situation & disposition des soliues anciennes: C'est pourquoy [a] il ne faut suiure la façon qu'on tient à Paris de situer lesdites soliues sur leur plat, & largeur.

Les sablieres, ou liernes seront pour le plus de la moitié de l'épaisseur de la poutre, & soûtenuës sur la recoupe des murs, ou par corbeaux de fer.

Il ne faut entailler les soliues dans les poutres, ains les poser au dessus d'icelles, en recouurant l'espace qui est par dessus la poutre entre les soliues d'vne lambourde, suiuant qu'il se pratique à Paris: Car cette disposition donne plus de force, & de beauté aux poutres.

Les lambourdes doiuent auoir d'ordinaire dix pouces de hauteur;

[a] Cet Auteur a grande raison de blâmer ce méchant vsage des Ouuriers qui fait bien connoistre leur auarice & leur ignorance, faisant porter le fardeau par le costé le plus foible des soliues, afin d'en épargner vne ou deux en chaque trauée.

& quatre d'épaisseur pour les tenir en raison, & empescher qu'elles ne se dejettent: il faut en chaque trauée trois ou quatre soliues attachées aux poutres, auec cheuilles de fer, quand les portées des soliues viennent sur les faces du logis; pour retenir tout le plancher en meilleure liaison, & empescher la poussée contre les murs.

Elles ª doiuent tousiours estre disposées ou en égales distances, ou en correspondances, si elles ne sont recouuertes d'vn platfond. Il ne faut que le trou du mur dans lequel elles sont logées les touche à la partie superieure, ains y doit auoir vn pouce ou enuiron de distance, de peur qu'estant ébranlées par le cheminer, elles ne puissent ébranler la maſſonnerie, qui seroit supportée

ª Il parle des poutres, & ce qu'il en dit n'est pas toûjours en vsage, estant bien plus raisonnable de s'assujetir à la symmetrie des fenestres qu'à celle des trauées.

dessus : Elles ne doiuent aussi iamais estre situées à plomb sur vne porte, fenestrage, ou quelqu'autre ouuerture que ce soit, autrement, comme il a déja esté dit, elles porteroient à faux. Quoy que par la coustume de Paris les poutres ne doiuent porter plus auant que la moitié du mur moitoyen, quand elles portent dessus, neantmoins plus elles ont de portée auant dans les murs qui les soustiennent, mieux elles sont.

Par ce que l'ajancement de la symmetrie des fenestrages, & des poutres donne beaucoup de contrainte, & de peine à l'Architecte à les rencontrer comme il appartient, sans corrompre les commoditez, mesures, & forme des membres du logis & de leurs pieces, " on pourra

" Ce remede est bon pour les logemens qui sont fort exhaussés, quoy qu'il ait encore ses incommoditez; dont les principales sont que les poutres recouuertes se gastent bien plûtost par l'air renfermé, que l'on ne peut pas voir

éuiter la sujettion qu'apporte la symmetrie des poutres, si on recouure tout le plancher par le dessous d'vn platfond : Car il donne non seulement de la facilité pour la disposition & symmetrie des ouuertures, mais aussi beaucoup d'ornement au plancher ; & outre ce rompt, & empesche qu'on n'entende le bruit incommode de l'habitation superieure, & retient la poussiere qui pourroit tomber du plancher en cheminant au dessus. On se sert en quelques Prouinces de gros soliueaux passants, qui portent d'vn bout de la chambre à l'autre sans aucunes poutres, mais ils ne sont propres qu'à vn petit plancher, ou qui soit paué de bois, & non de carreaux, à cause qu'ils tremblottent trop.

de bonne heure leurs defauts, que le feu s'y peut long-temps couuer & y prendre force, que le vuide au dessus du platfonds se remplit d'ordures, de rats & de vermine qui ruinent tout.

Des Couuertures.

CHAPITRE XXVIII.

PLus la matiere dont on cou‑ure, est pesante, plus le toict doit estre abaissé: Car si on couure d'ar‑doises on fait ordinairement sa hau‑teur égale à sa largeur: mais pour la tuile, on ne luy donne que les deux tiers ou les trois quarts pour le plus: s'il y a des croupes elles doiuent estre tenuës plus droites que l'autre couuerture.

La [a] couuerture haut-esleuée sert aux Villes à prendre plus de loge‑ment au dessous; & de peur aussi qu'en esleuant trop le mur pour y

[a] Les couuertures hautes cessent d'estre en vsage à Pa‑ris, à cause de la dépense & du peu d'espace qu'elles en‑ferment; les Mansardes sont bien plus vtiles ou les bois de peu de longueur peuuent seruir, & ou la place y est plus quarrée. La description en est dans les liures de Monsieur le Muet.

faire vn eſtage carré, au lieu d'vn galetas, on obſcurciſſe par trop, la ruë eſtant eſtroite, la veuë du voiſinage. Aux pays froids elle eſt auſſi bien neceſſaire à la campagne, que dans les Villes, dautant que ſi elle eſtoit trop abaiſſée, la neige croupiroit deſſus, laquelle venant à ſe fondre en ſe glaçant ſur les bords, feroit refluer l'eau qui ſeroit fonduë dans les galetas, ou greniers : Quand il tomberoit auſſi vne pluye impetueuſe, & groſſe, ne pouuant ſi promptement décendre, elle regorgeroit au dedans du logis.

Parce que la couuerture d'vn corps de logis double, quand on la fait trop droitte, pour ſe liberer des ſuſdites incommoditez, monteroit trop haut, & ſeroit ſujette à eſtre trop agitée, & tourmentée de l'impetuoſité des vents, on la doit recouper par le deſſus, & recouurir de plomb, pour y faire si l'on veut vne terrasse reuestuë de balustres; ce qui apporteroit du contentement & vne grande beauté d'aspect.

Les *a* pauillons, & logis tout quarrez sont plus beaux couuerts à double poinçon, qu'à vn seul, ou bien pour le mieux en dome, en forme de demy cercle, auec vne lanterne au dessus, la hauteur & largeur de laquelle se prend sur vn triangle equilateral, ayant ses costez aussi grands que le diametre du demy cercle du dome, suiuant que la figure, & le traict en sont representez par Daniel Barbaro en ses commentaires sur Vitruve.

On se sert pour le comble des couuertures de deux sortes de fermes : la premiere est sur jambes de force, la seconde sur plate-formes.

a Gardez-vous bien de suiure l'exemple de la couuerture du Salon de Meudon qui est faite comme vn manequin renuersé.

Les premieres s'épacent de trauées en trauées, estant situées à l'endroit des poutres, quand elles sont portées par les murs de dehors, & non par ceux de refend : auquel cas, au defaut des poutres, on se sert de pieces appellées semelles, ou tirants.

Les secondes sont plus belles, & plus nobles que les premieres, y en ayant autant que de cheurons, & sont propres pour les galeries en voute, grandes sales & autres places qui sont exhaussées jusques sous le comble des couuertures ; on espace les cheurons de deux pieds en deux pieds, & de milieu en milieu, qui sont trois à la latte quand ils sont forts : Car quand ils ont moins de force, on les doit espacer de seize pouces en seize pouces, aussi de milieu en milieu ; qui sont quatre cheurons à la latte, parce qu'elle doit auoir quatre pieds de long. Ie ne diray rien dauantage de la charpenterie du comble des couuertures : Car le sieur le Muet l'a fort bien traittée, & representée sur la fin de son liure de la maniere de bien bastir pour toutes sortes de personnes.

Des dehors du bastiment, & des moyens de faire vn Echo artificiel.

CHAPITRE XXIX.

L'ENTREE doit auoir au dehors vne place grande & spacieuse, auec vne auenuë à trois allées, la plus longue qu'on pourra, l'allée du milieu ayant quelque quatre toises [a] de large, & les deux autres

[a] Cette largeur est par trop petite, & lors que les arbres sont hauts, quelque soin que l'on prenne de les élaguer, ils rendent toûjours cet espace trop resserré. Elles reüssissent beaucoup mieux de 8. à 10. thoises de large, si

la moitié. Ces trois allées seroit reuestuës d'arbres à ombrages, & de pallissades entre les arbres. Tout le long de cette auenuë sera fermé de part & d'autre de deux fossez essloignez du pied des arbres d'vne toise, ou enuiron, en laissant de la terre à suffisance pour la nourriture des racines des arbres de ce costé.

Les trois autres costez du bastiment seront embellis de parterres & jardinages (s'il n'y a point de bas-

elles sont tant soit peu longues, & les contr'allées à proportion : L'on en fait mesmes de 16. de 20. iusqu'à 25. & 30. thoises, dans celles qui sont d'vne extraordinaire longueur : Pour moy ie ne sçay si ces mesures de la largeur doiuent auoir tout leur rapport à celles de la longueur, & si l'on n'y doit pas faire quelque reflexion à la hauteur des arbres qui est déterminée ; Aussi est-il mal-aisé de iuger, si ces grandes largeurs feront vn bon effet lors que les arbres auront leur croissance ; Et peut-estre la mode changera-t'elle en attendant ; aussi bien que cette autre qui fait abattre tout le bois qui se trouue allentour des maisons, afin d'auoir des belles découuertes ; Ie sçay bien qu'il est bon d'en oster lors qu'il vous dérobe quelque belle veuë, mais ie doute que l'on soit toûjours d'humeur à tout abattre, au moins iusqu'à ce que l'on ait trouué le secret d'en faire venir d'autre aussi viste qu'on le peut abattre ; & ie suis persuadé qu'vn peu de couuert dans les iardins a ses graces aussi bien que les parterres de broderie,

secourt

secourt) desquels ie ne diray autre chose, sinon que deux terrasses pour le moins sont necessaires, dont l'vne sera tournée vers le Septentrion, & l'autre sera exposée au Midy. Le dessus de ces terrasses seruira pour voir plus distinctement, en se pourmenant, la beauté des compartimens, laquelle ne peut estre bien nettement considerée, & reconnuë, si elle n'est regardée, & consideree de haut. Le dessous de celle qui aura son aspect au Septentrion seruira à construire les grottes, & y prendre le frais l'Esté: Le dessous de l'autre qui est exposée à la partie du Midy, sera propre à y retirer en temps d'Hyuer les lauriers, orangers, myrrhes, figuiers, œillets, & autres plantes qui ne peuuent supporter longuement les rigueurs du froid.

Il ne sera possible mal à propos

de dire encor, qu'on peut faire vn Echo artificiel à peu de frais à l'imitation de celuy du iardin des Tuilleries à Paris,[a] lequel est tel (ce que peu de personnes ont remarqué) par cette forme artificielle qu'il a, & non par la disposition naturelle du lieu, l'intersection des lignes de la reflexion de la voix, qui se trouue aux mesmes endroits, où l'Echo est entendu, & non ailleurs, fera facilement reconoistre la certitude de cette propositió à celuy qui sera mediocrement instruit aux demonstrations Geometriques. Celuy qui desirera estre instruit plus particulierement de la façon de cét Echo artificiel, l'apprendra par la lecture du traité qu'en a fait le Pere Ioseph Blancanus de la Compagnie

[a] Cet Echo rompu aussi bien que les autres pieces qui composoient le fonds du jardin des Tuilleries, comme prez, boquets, quarrez d'eau, allées d'arbres & autres, dont l'on a changé entierement le dessein qui, est à present tout découuert.

de Iesus, sur la fin de son liure intitulé *sphæra mundi*.

Pour cét Echo il ne faut qu'vne muraille en demy rond, de la hauteur de quelques deux toises, ce demy rond ayant en diametre enuiron vingt-quatre toises, comme celuy des Tuilleries; Blancanus remarque qu'il reüssit mieux, quand il y a de l'eau entre la muraille qui renuoye la voix, & le lieu d'où elle part : Pour cét effet, on pourroit faire vn canal, vn demy bassin, ou vn bassin entier entre-deux.

Il y a encore vne autre sorte de renuoyer la voix, qui ne se fait pas par le moyen de l'Echo, ains par ceuy d'vn angle creux en vne salle quarrée, voûtée spheriquemét comme celle de Mantouë, ou bien en re de cloistre. Sur cette raison i'en y trouué vn au logis de la Reyne 1ere du Roy, en son Palais des faux-

M ij

bourgs de Saint Germain, en vne chambre quarrée, voûtée en arc de cloiſtre, au bout de la ſalle baſſe, en laquelle le Sieur Berthelot trauaille à preſent en marbre. Cette chambre peut auoir quatre toiſes & demie en quarrée, & trois ou enuiron de hauteur, & rend la voix d'vn angle oppoſite à l'autre fort intelligiblement, quoy qu'on parle fort bas; & qu'il y ait de grandes croiſées à vn pouce & demy, ou enuiron auprés des angles, nonobſtant l'ouuerture deſquelles, la voix ne laiſſe pas d'eſtre entenduë : Il eſt vray que l'effet reüſſit mieux quand les feneſtres ſont fermées.

Si le lieu où eſt ſitué le baſtiment eſt plain, & non beaucoup inégal, il faudra faire au bout du parterre, qui ſera à l'aſpect du coſté principal du corps de logis, vn grand parc en forme de quarré parfait, ou oblong; ce parc eſtant ſeparé du parterre par vn canal égal en longueur à celle du parc.

La diſpoſition du parc ſera belle, s'il eſt diuiſé en vingt allées, ou routes, *a* larges de trois ou quatre toiſes ſuiuant la grandeur du parc, leſquelles allées, ou routes ſeront premierement dreſſées au nombre de quatre, le long des quatre faces du parc, puis au nombre de huit, ſçauoir quatre, qui reſpondent aux quatre parties du milieu des quatre faces du parc, & les quatre autres aux quatre coings d'iceluy, repreſentant vne forme d'étoile au milieu du parc. Les autres huict allées naiſtront des quatre parties du milieu, ſçauoir deux de chacune de ces quatre parties, finiſſant chacune aux quatre coings, en forme de demies étoi-

a Il faut voir ce que j'ay remarqué cy-deuant de la largeur de ces allées.

les, ou parcs d'oye. Les places qui seront entre ces allées, seront remplies les vnes de bois sauuage, les autres d'arbres fruitiers, & les autres employées en prairies, terres labourables, & vignes selon l'étenduë du parc.

Des Sources, & Fontaines naturelles, des moyens de les trouuer, de conduire l'eau, la mesurer, & la faire couler.

CHAPITRE XXX.

LEs fontaines sont ou naturelles, ou artificielles. De Serre en son Theatre d'agriculture a mieux qu'aucun autre, à mon aduis, enseigné les moyens de trouuer la source d'vne fontaine naturelle, & de faire le ramas des eaux : C'est pourquoy ne voulant icy rapporter ce

FRANÇOISE. 183

qui a déja esté dit par d'autres, ie vous donneray auis seulement, que tant plus vous pourrez profonder vos tranchées, *a* tant plus vous aurez d'eau, la quantité de laquelle ne se mesure gueres que par lignes, ou par pouces.

Pour paruenir à cette mesure, il faut arrester le cours de vostre eau par vne petite écluse : & si vous croyez qu'il y ait plusieurs pouces, vous percerez vostre écluse en autant de pouces alignés de niueau que vous pensez à peu prés qu'il y en pourra auoir : tellement que si l'eau en s'écoulant par ces trous, les remplit tous, ne débordant par dessus qu'enuiron la quatriéme partie de leur diametre, vous aurez rencontré au vray la quantité des pouces

a Comme ce sont les lits de glaize qui retiennent les eaux dans la terre, il se faut bien garder de la percer lorsqu'on a trouué de l'eau au dessus, parce qu'elle se perdroit aussi-tost & s'épandroit dans les terrains qui seroient sous la glaize, & qui ne la sçauroient retenir.

que voſtre ſource fournit au temps que vous faites cette meſure : que ſi ladite eau ne remplit entierement ces trous, auec le débord ſuſdit, il en faudra refermer l'vn ; ſi elle ne remplit encore ce qui reſte, il en faudra encore reboucher vn autre, en les refermant ainſi l'vn apres l'autre, iuſques à ce que vous voyez qu'elle rempliſſe ce qui reſtera, auec le ſurcroiſt ſuſdit ſeulement : Au contraire, ſi ladite eau, en rempliſſant tous ces trous, vient à déborder par le deſſus de l'écluſe, il les faudra augmenter d'vn : que ſi elle ne laiſſe encore de déborder, il faudra derechef augmenter d'vn autre, continuant cette augmentation, iuſques à ce que vous les voyez tous remplis, en ne débordant par deſſus que de la quatriéme partie de leur diametre. Le meſme ſe doit pratiquer pour la meſure des lignes.

Or vous prendrez garde sur ce sujet, que quand vous entendrez dire qu'vne source, par exemple, a, & iette quatre pouces, ou quatre lignes d'eau, vous ne deuez pas entendre qu'elle remplisse en s'écoulant, vn trou qui aye quatre pouces, ou quatre lignes de diametre, ains qu'elle remplit quatre trous, ayant chacun vn pouce, ou vne ligne en diametre, estant percez & posez à niueau.ᵃ Car vn trou, ayant quatre pouces, ou quatre lignes d'eau, fourniroit plus de seize pouces, ou seize lignes d'eau.

Cette eau se conduit, ou par aqueducs, ou par tuyaux. La conduite qui se fait par aqueducs, est la

---

a Il faut dire vn trou qui à quatre pouces ou quatre lignes de diametre, fourniroit, non pas plus comme il dit, mais iustement seize pouces ou seize lignes d'eau; Ce qu'il faut entendre de l'eau qui n'est point forcée; Car pour peu qu'elle soit pressée ou par son poids ou par son mouuement; Elle change beaucoup ces mesures, pouuant dans vne situation passer cent fois plus d'eau, qu'en vne autre par vn mesme trou.

plus noble, la plus feure, & la plus commode : mais elle eſt d'vne ſi grande dépence, principalement ſi la ſource eſt loing, qu'il n'appartient qu'aux Princes, ou à vne republique de l'entreprendre.

[a] Les tuyaux ſe font ou de plomb, ou de terre, ou de bois : La conduite qui ſe fait par les tuyaux de plomb eſt la meilleure, & n'y faut craindre que les eaux en paſſant tirent vne mauuaiſe qualité de plomb: Car au contraire, le plomb tire à ſoy ce qui eſt de terreſtre dans l'eau, dont il ſe reveſt, & en fait vne croûte tout à l'entour, qui va tous les iours peu à peu augmentant, & par ce moyen purifiant plûtoſt l'eau de ſa terreſtreité, que luy communiquant ſa ceruſe, ou qualité plombeuſe.

---

[a] L'on a voulu ſe ſeruir depuis peu de tuyaux de fer fondu, mais cela n'a pas reüſſi.

Mais outre que cette sorte de tuyaux est fort chere, elle est trop sujete à estre dérobée aux champs, principalement en temps de guerre.

Les tuyaux de terre cuitte tiennent l'eau sainement, mais ils sont aussi de grand coust : Car il faut qu'ils soient posez sur fondemens de massonnerie bien asseurez, & reuestus tout autour d'vn demy pied pour le moins de bon ciment, nonobstant quoy, ils ne laissent pas de se cacher souuent, y estant fort sujets, à cause de la fragilité de leur matiere, si la terre s'affaisse tant soit peu au dessous, ou si on laisse geler l'eau dedans, car l'eau se renflant par la gelée, ainsi que l'experience l'apprend, ils se rompent par ce moyen fort aisément, mesme quand ils seroient de fer.

Les tuyaux de bois sont ou de chesne, ou de bois d'aulne. Le chesne se conserue mieux que l'aulne en lieu sec, & l'aulne en lieu aqueux, quoy que tous les deux ne laissent pas de se pourrir en lieu sec. Pour plus grande durée, il seroit meilleur d'employer des tuyaux de terre en vn terrain sec; car la terre ne s'y affaisse pas que fort mal-aisement : & des tuyaux de bois, soit de chesne, ou d'aulne, aux endroits marescageux.

Il faut en la conduite des tuyaux, aux lieux les plus bas, faire des décharges, afin de vuider l'eau, quand il est besoin de refaire lesdits tuyaux & des ventouses sur les heurts, & lieux les plus éleuez, pour donner issuë à l'air, & aux vents, quand il faut mettre, & faire couler l'eau dans iceux.

La plus belle façon de faire joüer, & couler l'eau dans le bassin de la fontaine est par lances, ou boüillons d'eau : mais dautant que cét élancement d'eau en haut est agreable à voir, il est tant plus incommode, en ce que si le bassin n'est bien large, le vent emporte l'eau presque toûjours hors du bassin, c'est pourquoy on est obligé à luy donner vne largeur grande & spacieuse à proportion que le boüillon s'élance haut. Il a aussi cette autre incommodité, en ce que la quantité d'eau que la source fournit, paroist en cette forme fort petite : Car vn pouce d'eau, par exemple, passera presque par vn trou de deux lignes en diametre : *Ce boüillon va plus, ou moins haut, selon que l'eau est conduite depuis la source plus ou moins en droite ligne, & que les trous des tuyaux par où elle passe,

a Il importe peu que la conduite soit en droite ligne ou autrement pour faire que le jet d'eau s'éleue plus ou moins, pourueu que les tuyaux ne s'éuentent point, & que l'eau vienne de haut.

font plus ou moins amples. Il faut aussi prendre garde de n'oublier à faire mettre vne décharge au pied du bassin, par le moyen d'vn robinet, qui s'ouurira, pour ne laisser point d'eau dans les tuyaux de la fontaine pendant la gelée: Car autrement, venant à se geler dedans, elles les creueroit, & romproit. Pour la mesme raison il faut faire la forme du bassin, en telle sorte, que le creux d'iceluy aille tousiours s'élargissant en tirant vers le haut; parce que si elle estoit pratiquée au contraire, le bassin se fendroit pendant les gelées: Ce que l'experience a fait reconnoistre estre veritable, & le fait voir encore aisément, en emplissant d'eau vn verre, dont la forme va tousiours s'élargissant par le haut, & vne bouteille, dont la façon est toute au contraire: Car on verra quand l'eau se gelera en l'vn, & en

FRANÇOISE. 191

l'autre, que la fiolle se cassera, & le verre demeurera en son entier. On se trauaille beaucoup à faire diuerses sortes de ciments, pour retenir l'eau dans le bassin, mais de quelque façon qu'on les fasse, ils ne sont jamais de longue durée en France: C'est pourquoy se seruant de la massonnerie ordinaire, on a meilleur marché de les reuestir de plomb par le dedans du bassin.

Des Fontaines artificielles, & de diuers & faciles moyens de faire monter & éleuer l'eau.

CHAPITRE XXXI.

LA pluspart des gens lettrez tiennent, conformement à l'opinion d'Aristote, que les fontaines prouiennent des vapeurs éleuées dans terre, & conuerties apres en eau, par le moyen de la froideur d'icelle: *a* Mais l'experience a appris aux fontainiers, & hommes entendus & pratiquez à la recherche des sources, que l'opinion des Anciens, qu'Aristote a rejettée est plus veritable; sçauoir que les fontaines sont causées des eaux des pluyes, lesquelles tombant sur les montagnes s'imbibent, & descendent, pour la pluspart dans le profond de la terre, iusques à ce qu'elles rencontrent quelque corps non poreux, & permeable à l'eau, comme glaise, ou tuf, qui la retienne, de sorte qu'estant lors arrestée, elle recherche issuë par les costez, laquelle ayant rencontrée, elle fait en cét endroit vne fontaine.

a Quoy que l'on sçache que les pluyes s'imbibant en terre produisent l'eau des fontaines, il ne s'ensuit pas que les vapeurs éleuées dans la terre n'en puissent point produire; au contraire on peut croire par la quantité des eaux des riuieres qui ne laissent pas de couler dans les temps les plus secs, que ces deux causes ne sont peut estre pas les seules qui les engendrent.

On

On a à cette imitation trouué le moyen d'auoir par art vne fontaine, suiuant que Serlio & Bernard Palissy l'enseignent: Car si le Seigneur a proche de sa maison dix ou douze arpens de terre seulement, sur vne montagne, ou autre lieu plus éleué que sa maison, qui soit en pente en telle sorte, que les eaux se puissent écouler toutes en vn endroit sans s'imbiber beaucoup dans terre: ou bien si ce lieu est sans pente, il luy en faut donner par art, comme on fait és ruës de quelque grande Ville, pour faire par ce moyen couler, tomber, & amasser toutes les eaux en vn endroit dans terre, en lieu accommodé en forme de cisterne, qui y retienne l'eau sans qu'elle en puisse resortir que par l'endroit où on luy voudra donner issuë: Il aura par ce moyen trouué vne source de fontaine, qui luy pourra fournir de l'eau coulant continuellement à la grosseur d'vn pouce plus de six semaines durant.

S'il n'a point de place propre à cét effet, & qu'il aye au lieu d'icelle, non loing de sa maison vne riuiere, vn estang, ou vn ruisseau, qui puisse fournir de l'eau suffisamment pour faire tourner vne rouë auec assez de force, & qui soit suffisante à faire éleuer de l'eau à telle hauteur qu'il sera besoin d'vn puits qu'on fera en cét endroit, ou d'vne source viue qu'on y pourra conduire aisément, il pourra par ce second moyen auoir vne autre façon de fontaine artificielle qui coulera continuellement.

Que s'il n'a aucun lieu éleué, ny riuiere, estang, ou ruisseau il fera faire & creuser dans ses jardins vn puits si profond, que l'eau ne s'en puisse épuiser, duquel par machines il pourra faire éleuer l'eau par le moyen de la force d'vn cheual, à telle hauteur qu'il voudra dans vn reseruoir, pour d'iceluy la faire couler en fontaine en telle lieu qu'il desirera.

Or de toutes la machines ie n'en trouue point de plus aisée, ny de plus grande execution, que celle dont on se sert aupres d'Angers pour épuiser l'eau des ardoisieres: Car ces machines leuent auec deux seaux seulement d'vne perriere qui aura vingt-deux toises de profond, auec vn bon cheual en deux heures & demie, soixante & quinze muids d'eau, à laquelle hauteur vne pompe n'en pourroit pas éleuer la moitié, tellemét qu'à la hauteur de sept toises quatre pieds, elles éleueroient dans trois heures deux cens soixante & dix muids d'eau, & par ce moyen en fourniroient pendant ce peu de téps pour couler à la quantité d'vn pouce enuiron cinq iours & demy durant, à couler douze heures par iour. Car on tient que cinquante muids d'eau sont plus que suffisantes pour fournir de l'eau coulant continuellement douze heures durant, la grosseur d'vn pouce.

Par ce que cette machine est à mon iugement la plus expeditiue, & la plus aisée de toutes, i'ay estimé qu'il ne seroit mal à propos d'en donner le deuis fort au vray, & selon qu'il fut enuoyé par vn Maistre du lieu à feu Monseigneur le President Ieannin, lequel deuis est tel.

Pour mettre cette machine, & le cheual à couuert, il faut que le bastiment soit de trente pieds de grandeur en quarré dans œuure; pour porter partie de cette machine, faut deux pieces de bois de vingt-huit pieds de long, chacune de seize pouces de grosseur : on les appelle saillies, lesquelles doiuent estre posées à distance l'vne de l'autre de sept pieds ou enuiron, & enterrées dans la terre, en sorte que le cheual puisse passer, & repasser par dessus, sans les endommager, lesquelles saillies doiuent s'auancer sur le puits en sorte que les seaux montant, ou descendant ne frappent contre les murs du puits; lequel aura à cét effet quelques huit ou neuf pieds en diametre.

On mettra sur le bout de ces saillies vers le puits, vn cheualet de neuf pieds de hauteur, ou enuiron, qui sera fait de deux posteaux de sept pouces de grosseur en quarré, auec vn tirant de neuf pieds de long, sur le haut desdits posteaux en tenons, & mortoises trauées sur lesdites sablieres, auec quatre liens, deux sous le tirant, & deux sous les deux sablieres, lesquelles seront portées de l'autre bout sur vn autre tirant, qui sera au pignon du comble du bastiment.

Il conuient aussi poser au milieu dudit bastiment vn arbre sus bout, de quatorze pieds de long, & de seize pouces de grosseur par le milieu, qui sera porté par le pied sur vne piece de bois mise au trauers, sur le bout de deux sablieres au dedans. Laquelle piece aura neuf pieds de long, & vn pied de large, retenuë auec deux cheuilles de fer sur le bout des deux sablieres : faut mettre au bout d'embas dudit arbre vn piuot de fer aceré par le bout, posé sur vne coëtte de fer, qui sera engrauée sur le milieu de ladite piece qui sera en trauers sur lesdites deux sablieres, & sera ledit arbre retenu par le bout d'enhaut au sousfaiste du comble du bastiment.

Dans cét arbre sera porté vn

roüet couché, qui aura douze pieds de grandeur en diametre, posé sur quatre bras, qui passeront au trauers de l'arbre, & auront de grosseur neuf pouces en vn sens, & six en l'autre, estans supportez par huit liens, qui seront assemblez en tenons & mortoises, dans le pied de l'arbre. Ce roüet sera éleué de sept pieds de hauteur, & garny de quatre-vingt allichons.

On assemblera aussi dans ledit arbre sus bout, & tout au trauers d'iceluy en tenons, & mortoises, vne piece de bois de quatorze pieds de long, appellée vne queuë, qui sera courbée par le bout, à laquelle sera attellé le cheual, qui fera tourner l'arbre, & sera icelle piece élevée de cinq pieds de hauteur, pour donner passage libre au cheual, & aller, & venir par dessous sans empeschement.

Faudra faire encor vn autre arbre couché, appellé ferfuſt, de vingt pieds de longueur, ou enuiron, & de dix pouces de groſſeur en quarré : Aux deux bouts duquel ferfuſt, y aura deux tourillons de fer de deux pieds & demy de longueur, deux pouces d'épaiſſeur, & trois de largeur, qui ſortiront outre les bouts dudit ferfuſt de cinq pouces, & ſera porté ledit ferfuſt d'vn bout ſur le cheualet, vers le puits, & de l'autre bout ſur vne groſſe piece de bois, de trente & deux pieds de longueur, & de quatorze à quinze pouces de groſſeur en quarré, laquelle paſſera au trauers du baſtiment, eſtant poſée ſur les ſablieres d'iceluy : & faut mettre ſous chacun des tourillons qui ſeront au bout dudit ferfuſt, deux coüettes de cuiure, qui ſeront engrauées, ſçauoir l'vne ſur le milieu du tirant dudit cheualet, & l'autre sur le milieu de la piece de trente & deux pieds de longueur, pour tourner plus doucement.

Faut aux deux bouts dudit ferfust deux fusées, vne sur laquelle se poseront les chables, ayant trois pieds de grandeur en diametre, garnie de treize fuseaux de lymande, ou membrure de deux pouces d'épaisseur, cinq de largeur, & sept pieds & demy de longueur : L'autre fusée appellée tabouret a sept pieds de hauteur en diametre, estant faite de doubles madriers de deux pouces d'épaisseur : ce tabouret a quarante fuseaux, qui prennent dans les allichons, & n'ont lesdits fuseaux que vingt pouces de longueur : chacun estant cheuillez par le derriere des tourtelles dudit tabouret ou fusée, & faits de bois de cormier, comme le sont aussi les allichons.

On fait outre ce, vn baſſin au bout du baſtiment, vers le puits, dans lequel baſſin ſe verſera l'eau venant du puits; iceluy baſſin ayant vnze pieds de long, & deux pieds de haut fait de madriers de deux pieds de largeur, & de quatre pouces d'épaiſſeur, aſſemblé, & compoſé de cinq pieces, vne deſſous pour le fond, deux pour les coſtez, & deux autres pour les deux bouts: Ce baſſin aſſemblé doit auoir trois pieds & demy de largeur par le haut, & deux par le fond.

Ledit baſſin doit eſtre poſé ſur les ſaillies qui portent le cheualet ſur les bords du puits, en ſorte que les ſeaux, montant & deſcendant ne touchent audit baſſin.

Faut mettre dans le fond dudit baſſin, vne piece de bois de ſix pieds de long, & ſix pouces de groſſeur en quarré bien retenuë audit baſſin, à laquelle piece tiendront les mains de fer, qui feront verser les seaux. On fera à l'vn des bouts du bassin vne ouuerture de quatre pouces en diametre, pour de là conduire l'eau par tuyaux dans le reseruoir.

Si on vouloit faire trauailler cette machine continuellement, & aussi bien de nuict que de iour, faudroit six cheuaux d'ordinaire, mesme plûtost huict, que six, parce qu'ils trauaillent beaucoup, & que chaque cheual ne peut trauailler à l'aise que deux heures & demie, ou trois pour le plus, quand la machine est bien errante, & adroitement faite par vn charpentier qui l'entende, qui soit bon ouurier, & qui en ait desia fait d'autres : parce que si ladite machine, outre ce qu'il n'y doit rien manquer de ses mesures, & dimensions, n'est bien située, & dextrement faite, elle tuë autant de cheuaux qu'on y en peut mettre.

Pendant que l'vn des seaux plein d'eau monte, il en descend vn autre vuide, qui puise à bas, pendant que l'autre verse en haut dans le bassin.

Il faut deux chables sur la fusée de deuant, aux bouts d'iceux sont attachez les seaux, lesquels seaux doiuent estre liez de trois cercles de fer, sçauoir deux aux deux bouts, & l'autre au milieu, ayant deux tourillons, où s'attache l'ance du seau, auec vn autre demy cercle de fer, qui est au dessus du bout dudit seau sur lequel s'acrochent les mains de fer, qui font verser ledit seau dans le bassin.

Il y a vne autre sorte de machine qu'on appelle rouë foncée, ayant vingt-deux pieds en diametre, portée sur deux saillies, & sur deux cheualets, laquelle est tournée, & menée par quatre hommes qui trauaillent trois heures durant, & sont releuez par quatre autres hommes, continuant ainsi tout le iour, & changeant de trois heures en trois heures : Ils leuent à peu prés autant d'eau en trois heures, comme vn cheual fait en deux heures & demie, & faut pareil equipage à ladite rouë qu'à l'engin à cheuaux, fors l'arbre sus bout, le rouët couché, & le tabouret. Cette derniere espece de machine est de moindre dépence que l'autre.

Dautant que plus vne machine est simple, & auec moins de pieces, plus elle est aisée : la multitude de pieces n'apportant que de l'embarras, & de la resistance dauantage, à cause qu'on ne peut pas faire vne machine qu'il n'y ait tousiours quelque peu à dire à la iustesse des mesures; ce qui ne prouient que de l'imperfection de la matiere. De sorte que plus il y a de pieces, plus il s'y trouue d'inégalitez aux mesures, & par consequent plus d'empeschement au mouuement.

Il se fait pour cette raison vne troisiéme espece de machine la plus aisée de toutes, où il n'y a qu'vn arbre au bout de son tambour, autour duquel s'enueloppét les cordes des seaux; & deux polies, sur lesquelles coulent les deux cordes: lesquelles polies se mettent à plomb au dessus du milieu du puits, & à telle distance de l'arbre, que l'on veut, selon qu'on a la commodité de la place.

Il y a encore vn autre moyen d'éleuer l'eau sans rouë, sans machine, ny autre engin mobile; ains seule-

a Il deuoit dire encore, que plus il y a de pieces, & plus il y a de frottement qui doit estre surmonté par la puissance, auparauant qu'elle puisse agir aucunement sur le poids.

ment par l'eau & l'air, quand il y a vne cheute & descente suffisante, & ce en deux façons: L'vne par la mesme eau qu'on attire & esleue par elle-mesme, aidée, & chassez par la compression, & attraction de l'air; & l'autre par deux eaux differentes, dont l'vne est potable, qui est celle qu'on esleue, & l'autre n'est propre à boire, de laquelle on se sert pour attirer & esleuer l'autre. Baptiste Porta a escrit quelque chose de la premiere façon en ses Pneumatiques, principalement au second liure; & le Président de Montconi a mis autrefois en pratique l'autre en diuers endroits, particulierement à Neully auprés de Paris, & à Sablon proche de Toulouse. Par la premiere façon vous perdez beaucoup d'eau; par l'autre vous ne perdez rien de celle qui est potable: Mais ces deux inuentions sont plus ingenieuses, que fructueuses, dautant que l'air renfermé se rarefiant ou condensant suiuant la diuersité du temps, ou rompt les vaisseaux, ou rend le dessein inutile, ou apporte tous les deux inconueniens le plus souuent, outre la grande perte de bonne eau qui se fait en pratiquant le premier moyen. Dauantage, la descente & cheute d'eau, qui est toûjours necessaire pour faire reüssir ces deux inuentions, estant suffisante pour faire monter l'eau par la voye des machines ordinaires, ces deux dernieres façons doiuent estre postposées & delaissées, pour suiure & pratiquer ce qui est le plus asseuré: C'est pourquoy ie ne m'arresteray sur le discours & description d'icelles, pour n'employer le temps sur vn sujet plus industrieux & curieux, que profitable.

De la Glacière, & des moyens de conseruer la glace & la neige.

CHAPITRE XXXII.

SI on desire conseruer de la glace, pour s'en seruir pendant les plus grandes chaleurs de l'Esté, faut choisir vn lieu sec, & non marescageux, ny exposé au Soleil, dans lequel on fera vne fosse ronde, ayant quelques deux toises & demie, ou trois en diametre par le haut, finissant en forme d'entonnoir, ou de pain de sucre renuersé, iusques à la profondeur de quelques trois toises: Car plus la glaciere est grande & creuse, mieux la glace & la neige s'y conseruent, vne grande quantité resistant plus aisément à la chaleur qu'vne moindre : ce trou pyramidal sera reuestu d'vne cloison de char-

O

penterie, garnie de cheurons, & les cheurons de latte, qui ne descendra pas iusques au fond, ains sera recoupée tout plat par le bas, en telle sorte qu'il s'en faille enuiron la quatriéme partie de la profondeur, que cette cloison de charpenterie ne descende iusques au fond. Cela se fait, afin de laisser vn espace *a* vuide au dessous, pour receuoir ce qui se pourroit fondre de la glace, ou de la neige en les gardant : Car il est impossible de les si bien conseruer, qu'il ne s'en fonde toûjours quelque peu, par succession de temps.

Le dessus de ce trou sera couuert de paille aussi en forme de pain de sucre, ou de pyramide droite; & de telle façon que les bouts de la cou-

a L'on peut faire descendre la charpente iusqu'au bas de la glaciere, pourueu que l'on fasse dans le fonds vn puits de trois pieds de large & quatre de profondeur, pour receuoir les eaux qui coulent de la glace qui se fond. Si le terrain est bon & ferme, il n'est point besoin de charpente, & la glace peut estre mise dans le trou, pourueu qu'il y ait vn peu de paille entre-elle & la terre.

uerture touchent iusques à terre:
On entrera dans cette glaciere par
vne allée, ou petite galerie, tournée du cofté du Nord, longue de
quelques huict pieds, & large de
deux pieds & demy, ou enuiron, laquelle fera bien exactement fermée
par deux portes aux deux bouts : &
faut bien prendre garde qu'on n'ap-
perçoiue point le iour de dehors
dans la glaciere ; pour à quoy obuier il faut reboucher de paille bien
foigneufement les endroits & trous,
par lefquels le iour s'apperceuroit.
Quand on y voudra mettre la glace,
faut choifir, fi l'on peut, vn iour
fort froid, & fort fec, en forte que
la glace ne fe fonde par quelque de-
gel, ains demeure feche, & entierement glacée, fans fe fondre aucunement en la mettant dans la glaciere,
le fond de laquelle fera fait à claire-
voye, par le moyen des pieces de

O ij

bois qui s'entrecroiseront, & sera esloigné (comme il a esté dit cy-deuant) du fond du trou, d'enuiron vne quatriéme partie d'iceluy, pour receuoir les eaux de la glace qui se pourroient fondre. Il faut donc premierement, auant que d'y asseoir la glace, recouurir d'vn lict de paille tout ce fond, & tous les costez d'iceluy en montant, puis asseoir vn lict de pieces de glaces, *a* les plus grandes & les plus espaisses qu'on pourra, en les rangeant de mesme que des pierres de maßonnerie, le plus soigneusement qu'on pourra : Car moins il y aura de vuide, moins la glace se fondra.

a L'on ne met pas la glace par lits en Espagne, au contraire on la casse le plus menu que l'on peut dans la glaciere, jettant de l'eau pardessus de temps en temps, afin de remplir les vuides entre les petits glaçons ; & cette eau se gelant, lie toute la glace ensemble, & n'en fait qu'vne masse qui se conserue beaucoup mieux ; Ils la rompent à coups de hache lors qu'ils s'en veulent seruir, & ils ont grand soin de bien nettoyer toutes les petites pieces du debris, qui se fondent aussi-tost qu'elles sont éuentées.

Apres ce premier lict de glace, en faudra faire d'autres, l'vn sur l'autre, en reueslant, & garnissant de tous costez de bon lict de paille toute la cloison de la charpenterie, & continuant ainsi ces licts de glace rangez l'vn sur l'autre, le plus iustement qu'on pourra, iusques au haut de la glaciere, sans mettre aucun lict de paille entre les licts de glace, ains seulement vn au fond, vn autre tout au dessus, & vn autre encor qui reuestira tous les costez de la cloison, depuis le fond, iusques au dessus, à mesure que les licts de glace hausseront.

Apres que la glaciere sera bien remplie, & recouuerte de bonne paille de seigle, entiere, & non rompuë, tant par le bas, par les costez, que par le haut, faudra encore mettre par dessus la paille qui sera tout au dessus de la glace, de grands ais, lesquels on chargera par apres de grosses pierres, afin de tenir la paille plus serrée.

Quand on voudra entrer dans la glaciere, faudra apres qu'on aura passé la premiere porte, la refermer auparauant que d'ouurir la derniere, de peur que l'air de dehors n'entre dedans : comme aussi, & pour la mesme raison, faut quand on resortira, fermer la porte qui est à l'entrée de la glaciere, auparauant que d'ouurir celle qui est par le dehors : Quoy faisant, la glace se conseruera fort bien iusques à la fin de l'Esté.

On peut conseruer de la neige [a], aussi bien que de la glace : A cette fin il faut faire quantité de grosses balles de neige, les plus battuës, & comprimées qu'il sera possible;

[a] Elle se conseruera beaucoup mieux si elle est fort battuë & pressée dans la glaciere, & arrousée d'vn peu d'eau de temps en temps.

qu'on rangera, accommodera, & comprimera ferrement dans la glaciere auec la paille de mefme façon que la glace, en les comprimant, & preffant en forte qu'il n'y ait point de vuide entre ces balles, fi faire fe peut.

Si la neige ne fe peut bien ferrer en vne maffe ferme, ce qui arriue quand il fait vn bien grand froid, faudra l'arroufer d'vn peu d'eau, laquelle fe gellera tout auffi-toft auec la neige, & fera qu'alors elle fe reduira aifément en balles & maffes fermes. Il ne faut oublier de faire vne rigole dans terre, qui aille en penchant tout autour des bords de la couuerture, pour recueillir les eaux de pluye de la couuerture, & d'empefcher qu'elles ne croupiffent autour, ains qu'elles fe puiffent efcouler promptement au loing, par le moyen de la pente qu'on aura donné à la rigole.

De la symmetrie de tout le bastiment, & des considerations que doit prendre le Maistre du bastiment auparauant que de le commencer.

CHAPITRE XXXIII.

CE Philosophe, & grand Maistre des Architectes, Vitruue, escrit que les symmetries, & proportions d'vn bastiment ont esté, & doiuent estre imitées de celles du corps humain : Parce qu'à mon aduis, comme l'art dépend de l'imitation de la nature, le bastiment estant l'œuure la plus parfaite voire le comble des œuures les plus artistes de l'homme, deuoit estre tiré de la piece la plus accomplie de la nature, & de l'abbregé de ses merueilles.

Or comme nous voyons que la partie qui n'est qu'vne au corps humain est iustement située au milieu, comme le nez, la bouche, & le nombril ; & que celles qui sont plus d'vne sont égales & semblables entre-elles, & également éloignées de la partie du milieu : Ou bien si elles ne sont toutes égales, il y en a tousiours deux, vne de chaque côté, qui se rapportent en égalité de formes, & de situation comme les doigts des mains, & des pieds ; de mesme il faut que toutes les pieces, & appartenances d'vn bastiment, & les parties d'icelles gardent semblable proportion, & correspondance, principalement aux membres, & pieces qui sont au dehors, & à découuert, en cas qu'elles se puissent apperceuoir d'vne seule veuë & place, & par le dedans aux planchers, & aires, & outre ce en toutes les ouuertures des places principales qui sont sans licts.

Il n'y a rien si aisé, que de prendre les commoditez d'vn bastiment mais de les disposer commodement auec cette symmetrie, c'est où est l'industrie, l'esprit & l'honneur du Maistre qui dresse le bastiment. Les bestes sçauent choisir aussi bien que l'homme, & quelquefois mieux, la commodité de leurs repaires, & demeures: mais d'y apporter de la grace par cette symmetrie, elles ne le peuuent, parce que la connoissance de l'ordre, & de la proportion n'appartient entre tous les animaux qu'à l'homme seul, qui seul aussi connoist & reçoit le contentement, & le plaisir de ces choses. Tellement que plus les symmetries sont gardées en vn bastiment, plus il est agreable à l'homme, s'il ne tient plus de la beste que de l'homme, par ce que l'effet de la grace dont il a esté precipué, y reluit dauantage: Au contraire, le bastiment dénué de cette industrie humaine n'a rien qui le puisse rendre recommandable par dessus le repaire de la beste.

Cette disposition est plus agreable quand les parties symmetriées sont en nombre impair, & quand aussi on peut disposer non seulement les pieces qui sont d'vn costé en correspondance à celles de l'autre: mais outre ce, celles d'vn mesme costé en égale distances entre elles. Mais dautant que bien souuent, & presque tousiours, la symmetrie donne de la peine à trouuer les mesures & situations conuenables aux commoditez des lieux, ou bien quelquefois l'vne des symmetries empesche l'autre, comme celle des planchers nuit à celle des fenestrages, & ouuertures: On doit en ces contraintes se seruir comme i'ay dit des portes & fenestres biaises & sintes & des platfonds, plustost que de corrompre la correspondance.

Or il ne suffit pas d'auoir la connoissance & intelligence de toutes les regles mentionnées en ce present traitté, mais pour l'execution d'icelles, il faut, comme en toute autre science & art, auoir vn grand vsage, & la pratique d'icelles ; & outre ce vn esprit inuentif, adroit, & propre à telles choses. C'est pourquoy le Maistre qui fera bastir doit non seulement considerer long-temps son dessein, auant que de le faire mettre en œuure, mais le communiquer particulierement à ceux qui s'entendent en l'art de bastir, pour l'éplucher : & apres l'auoir veu auec du loisir & du soin, en dire sans dissimulation leur aduis, & y changer, oster, ou adjouster ce qu'ils iugeront estre de besoin.

Neantmoins encore qu'ils y reconnoissent quelque chose qui ne soit du tout suiuant toutes les regles de l'art, il ne faut pourtant le blasmer ny changer, sans auoir premierement consideré, si en l'y voulant reduire, on ne tombera point en quelque autre inconuenient plus grand. Car il n'est pas possible en quelque art que ce soit de rencontrer la perfection de toutes les regles qu'on y donne, dautant que l'vne quelquefois empesche l'autre: Aussi en vn bastiment on est contraint quelquefois d'étendre, ou racourcir les mesures de quelque petite piece, pour les donner plus parfaites à vne autre de plus grande importance. Le Maistre suiuant ce dernier aduis ne sera contraint, comme il arriue souuent de faire rompre la besogne, apres qu'elle sera desia bien auancée, ny de souffrir du blasme, & du déplaisir apres qu'elle sera parfaite : Au contraire, il n'en pourra receuoir toute sa vie que de l'honneur & du contentement.

Qu'il faut sçauoir auparauant que commencer vn bastiment les seruitutes, pour euiter procés & dommage, & d'où on les pourra apprendre.

CHAPITRE XXXIV.

IL faut toutesfois aux bastimens, principalement qui se font dans les Villes, prendre garde, outre les considerations susdites, à n'y faire aucune chose au contraire de ce qui est porté par les loix, ordonnances, statuts, & coûtumes des lieux, où l'on bastit : la connoissance desquelles choses est necessaire non seulement aux Bourgeois, mais aussi aux Architectes, Entrepreneurs, Conducteurs, Appareilleurs, Massons, Charpentiers, & autres ouuriers employez en ce suiet: C'est pourquoy les Iurez à Paris sont interrogez sur cette matiere auparauant que d'estre receus: La constitution aussi de l'Empereur Zenon rapportée au Code sur la fin du tiltre *De ædeficiis priuatis*, condamne à vne amende de dix liures d'or, si on contreuient à certaine défence portée par ladite constitution concernant les auances qui se faisoient pour lors aux bastimens de quelques particuliers, non seulement le Maître du bastiment, l'Architecte, l'Entrepreneur, & le Conducteur; mais encor les Massons, & ouuriers, lesquels sont punis de bannissement par la susdite constitution, s'ils n'ont moyen de payer l'amende rapportée cy-dessus ; & l'Ordonnance faite l'an mil cinq cens quarante-huit par le Roy Henry II. par laquelle il est dit qu'il ne sera plus édifié ny basty de neuf és fauxbourgs de la ville de Paris, ny hors les portes d'icelle, défend à tous Massons, Tailleurs, Charpentiers & Couureurs, qu'ils n'ayent à besogner de leurs mestiers esdits fauxbourgs sur peine d'amende arbitraire : L'Ordonnance aussi du Roy Louys le Gros de l'an mil cent quinze, veut que celuy qui desirera estre receu Iuré Mesureur, sçache toutes ordonnances & coustumes du Bailliage, ou Preuosté où il sera demeurant sur le faict des partages, & diuisions des terres, & des bornes diuisées, & assiettes qui y sont.

Ce n'est donc sans raison que Vitruue desire au commencement de son premier liure, que l'Architecte
ne

FRANÇOISE. 225

ne soit ignorant du Droict, en ce qui concerne les bastimens. Ce qu'estant ainsi, ceux qui desireront s'instruire sur ce sujet, verront les Ordonnances faites pour ce regard, & particulierement l'Ordonnance du Roy Henry II. de l'an mil cinq cents cinquante-sept; celles qui sont rapportées au liure cinquiéme du premier tome des Ordonnances, titre premier *Pour les Massons, Charpentiers, Tuilliers & Manouuriers*; comme aussi le titre quatriéme & cinquiéme du mesme liure & tome, les articles de la Coûtume locale qui regardent cette matiere: Toutesfois dautant que les Ordonnances & les coustumes des lieux ne traittent de toutes les difficultez qui peuuent naistre sur ce fait, qu'en ce cas on s'arreste au droict Romain, on pourra auoir recours à ce qu'en a escrit Automne en sa Conference du droict Romain, auec le François sur

P

les titres du droict qui traittent de ce sujet, & specialement ceux du Code *de ædificijs priuatis, de operibus publicis,* & du Digeste, *Nequid in loco publico. De seruitut. præd. vrb. & de seruit. præd. rust. de seruitutibus, Si seruitus vindicetur. Communi diuidundo, De aqua pluuia arcenda, De rerum diuisione, Ad legem Aquiliam, De damno infecto, Ne quid in loco publico, Communia prædiorum, & de operis noui nuntiatione.* Comme aussi le Code du Roy Henry IV. au liure sixiéme, titre premier des seruitutes: Dautant encor qu'aux cas, ausquels l'Ordonnance, la Coustume du lieu, & le droict Romain n'ont pourueu, on suit les Coustumes les plus proches, ou plûtost celle de Paris, comme estant vn epitome du droict de la France (suiuant l'opinion de nos Iurisconsultes,) vn fidelle extrait des Arrests de la Cour, & la Ville capitale, & principale de ce Royaume, à l'inſtar de laquelle toutes autres Villes ſe doiuent regir, policer & gouuerner, quand la couſtume des lieux ne diſpoſe de quelque faict particulier, qui ſe trouue en celle de Paris, & ce à l'exemple de Iuſtinian, parlant de la ville de Conſtantinople, ſiege principal pour lors de l'Empire, la Couſtume de laquelle il veut pour cette raiſon eſtre ſuiuie par toutes les autres Prouinces. On pourra à cette fin voir la Conference des Couſtumes, tant generales que locales, & particulieres du Royaume de France, ſur le titre neufiéme *Des ſeruitutes & rapports des Iurez*, l'addition ſuiuante ſur le meſme titre, la Conference de la Couſtume de Paris, auec les autres Couſtumes de France faite par Fortin ſur le titre precedent, ceux qui ont eſcrit ſur ce meſme titre, comme Charondas, Chopin, & Tronçon : Que ſi quelqu'vn deſire en voir encor dauantage qu'il life les traitez de Cœpola & de Corafius, fur le titre *de feruitut. præd. Harmenopulus*, li. 2. *Iuris Orient. tit.* 4. Le grand Couftumier liure 2. au titre des veuës & efgouts des maifons. La fomme Rural au titre *Des œuures qui font faites en chofes priuées*, Briffon *Selectar, ex iure ciuili antiquitatum lib. 1. c. 2.* Le Sieur Bouchel en fa Bibliotheque du droict François fur le mot *Baftiment.* Chopin *lib. 2. de facra politia* titre 2. *de legitimis interuallis ponendorum ædificiorum*, *Guido Papæ quæft.* 298. *&* 444. Cuias *cap.* 21. *lib.* 19. *lib.* 17. *c.* 35. *lib.* 1. *cap.* 24. *lib.* 23. *cap.* 4. *lib.* 5. *cap.* 27. *obf.* Monfieur du Val *de reb. dubiis lib.* 22. *art.* 7. Papon fur la Couftume de Bourbonnois, titre *Des feruitutes*, & en fes Arrefts liure 14. titre 1. Coquille fur la Couftume de Niuernois, titre *Des maifons, & feruitutes réelles*, & en l'inftitution au droict des François, titre *Des seruitutes réelles* : L'Abbé sur la Couſtume de Berry, titre 11. Pithou sur la Couſtume de Troyes, article 71. *Aerodius rerum iudicatarum*, lib. 3. tit. 15. cap. 1.

Or il ne suffit pas de s'eſtre inſtruit par la lecture des traittez cottez cy-deſſus, ou des principaux ; ſpecialement par celle des Ordonnances & de la Couſtume, ſi on n'en communique encor auec vn bon & ſçauant Aduocat du Pays, à cauſe que toutes les Loix, Ordonnances & Statuts, quoy qu'ils ſoient redigez par eſcrit, ne s'obſeruent pas touſiours.

Extraict necessaire d'estre sçeu par tous ceux qui se meslent des bastimens du titre de la Coustume de Paris, des seruitutes, auec la Conference des autres Coustumes du Royaume, qui y sont ou conformes, ou contraires, & quelques autres annotations sur le mesme sujet.

CHAPITRE XXXV.

OVoy qu'au Chapitre precedent ie renuoye le Lecteur à la lecture des Autheurs qui ont escrit des seruitutes des bastimens: neantmoins parce que tous ne peuuent pas auoir les susdits Autheurs, & que dans la Coustume de Paris, laquelle on ne recouure pas par tout, il y a vn titre exprés & tout entier pour ce sujet, i'ay estimé que ie soûlagerois beaucoup le Lecteur de luy rapporter icy, du fufdit titre, ce qui est le plus necessaire d'estre sceu de tous ceux qui se meslent des bastimens, auec la Conference des autres Coustumes du Royaume, qui y sont ou conformes ou contraires, ensemble quelques autres annotations sur le mesme sujet, & premierement.

L'Article CLXXXVIII.

Quel contremur requis en estable.

Qui fait estable contre vn mur moitoyen, il doit faire contremur de huict poulces d'espaisseur, & de hauteur iusques au rez de la mangeoire.

Conference.

Melun art. 204. dit contre le mur moitoyen de l'espaisseur de demy pied sur deux pieds & demy de hauteur, & art. 205. contre vne cloison moitoyenne de l'espaisseur d'vn pied, & de hauteur comme dessus.

Clermont art. 220. dit de deux pieds d'espaisseur qui se doit bailler au rez de la mangeoire, pour garder que les fients ne pourrissent ou dommagent ledit mur moitoyen.

L'Article CLXXXIX.

Item en cheminées, & atres.

Qui veut faire cheminées & atres contre le mur moitoyen, doit faire contremur de tuillots ou autre chose suffisante de demy pied d'espaisseur.

Conference.

De mesme Clermont art. 219. & adjoûte, afin que par la chaleur du feu le mur ne soit empiré. Calais art. 176. Blois art. 23.

L'Article CXC.

Pour forge, four & fourneau, ce qu'on doit reseruer.

Qui veut faire forge, four, ou fourneau contre le mur moitoyen, doit laisser demy pied de vuide, & interualle entre-deux du mur du four, ou forge, & doit estre ledit mur d'vn pied d'espaisseur.

Conference.

De mesmes Meaux art. 73. Melun art. 106. Sens art. 106. & dit d'vn pied & demy d'espaisseur : Auxerre art. 109. & dit deux pieds de muraille d'espaisseur : Nantes art. 105. & dit vn pied d'espais. Clermont art. 225. & dit pour escheuer la chaleur, & le peril du feu d'iceluy four. Cambray titre 18. art. 2. & 3. Calais art. 177. Normandie, art. 601.

Troyes art. 64. dit pied & demy d'espaisseur : Chalons art. 141. dit deux pieds d'espaisseur. Rheims art. 368. dit vn pied & demy d'espaisseur pour le moins. Niuernois ch. 10. art. 11. dit demy pied d'espace vuide, pour éuiter le danger du feu ou chaleur. De mesme Montargis ch. 10. art. 7. Orleans art. 247. Blois art. 236. & Bourbonnois art. 511. Berry tit. 11. art. 11. dit vn pied franc entre le mur du four & le mur de la maison, pour éuiter le danger du feu.

L'Article CXCI.

Contremur, & épaisseur de massonnerie, pour priuez ou puits.

Qui veut faire aisances de priuez, ou puits contre vn mur moitoyen, il doit faire contremur d'vn pied d'épaisseur : Et où il y a de chacun costé puits, ou bien puits d'vn costé & aisance de l'autre, suffit qu'il y ait quatre pieds de massonnerie d'épaisseur entre-deux, comprenant les épaisseurs des murs d'vne part & d'autre. Mais entre deux puits suffisent trois pieds pour le moins.

FRANÇOISE.

CONFERENCE.

De mesme Estampes art. 88. Clermont art. 221. Laon art. 269. Niuernois chap. 10. art. 1. Perche art. 220. & Bourbonnois art. 516.

Melun art. 207. dit vn pied & demy. De mesme Sens art. 107. Auxerre art. 110. Troyes art. 64. & Montargis ch. 10. art. 6. Chalons art. 142. dit deux pieds.

Amiens art. 166. dit deux pieds & demy. De mesme Tours art. 213. Anjou art. 452. & Lodunois ch. 21. art. 2.

ET OV IL Y A DE CHACVN COSTE' PVITS Melun art. 208. dit qu'il faut contremur de trois pieds d'épaisseur entre deux. Orleans art. 246. dit qu'il faut entre-deux neuf pieds de distance. Estampes art. 88. Chalons art. 142. & Perche 220. disent dix pieds. Laon 269. dit sept pieds. Normandie art. 600. Anjou art. 432. Grand Perche art. 220. Berry titre 2. art. 10.

L'Article CXCII.

Pour terres labourées, ou fumées, & pour terres iectiſſes.

Celuy qui a place, iardin, ou autre lieu vuide, qui ioint immediatement au mur d'autruy, ou a mur moitoyen, & il veut faire labourer & fumer, il est tenu faire contremur de demy pied d'épaiſſeur : & s'il a terres iectiſſes, il est tenu faire contremur d'vn pied d'épaiſſeur.

Conference.

De meſme Clermont art. 222. & adjoûte, afin que le fondement dudit mur ne s'éuaſe ou empire, par faute de fermeté & terre ioignant. Calais art. 178.

Niuernois ch. 10. art. 12. dit, ſi vn des perſonniers du mur commun a de ſon coſté la terre plus haute que l'autre, il est tenu de faire contremur commun de ſon coſté, de la hauteur deſdites terres. De meſme Bourbonnois art. 520. & adjoûte pour éuiter qu'elle ne pourriſſe le dit mur commun. Meaux art. 74. Clermont art. 222. Cambray titre 18. art. 5. Sedan art. 288.

L'ARTICLE CXCIII.

En la ville & faux-bourgs de Paris faut auoir priuez.

Tous proprietaires de maisons en la ville & faux-bourgs de Paris, sont tenus auoir latrines & priuez suffisants en leurs maisons.

CONFERENCE.

De mesme Mantes art. 107. Orleans art. 244. Melun art. 209. & adjoûte, & à ce seront contraints par prinse & exploitation de leurs biens, & arrests des loüages desdites maisons, sur peine de vingt liures parisis d'amende, pourueu que lesdites latrines se puissent faire sans incommoder lesdites maisons. De mesmes Estampes art. 87. Niuernois ch. 10. art. 15. & Bourbonnois art. 515. Calais art. 179. Tournay tit. 17. art. 5.

L'Article CXCIIII.

Bastissant contremur non moitoyen que doit payer, & quand.

Si aucun veut bastir contre vn mur non moitoyen, faire le peut en payant moitié tant dudit mur, que fondation d'iceluy iusques à son hebergé. Ce qu'il est tenu payer parauant que rien démolir, ne bastir: En l'estimation duquel mur est compris la valeur de terre sur laquelle est ledit mur fondé, & assis, au cas que celuy qui a fait le mur l'ait tout pris sur son heritage.

Conference.

De mesme Melun art. 202. Estampes art. 85. Chalons art. 138. adjoûte pourueu que ladite muraille soit suffisante pour porter & soustenir ledit bastiment.

FRANÇOISE. 239

Orleans art. 235. Montargis chap. 10. art. 3. Blois art. 232. Calais art. 180. Bourbonnois art. 504. Bayonne tit. 17. art. 2.

L'Article CXCV.

Si l'on peut hauſſer vn mur moitoyen, & comment.

Il eſt loiſible à vn voiſin hauſſer à ſes dépens le mur moitoyen d'entre luy & ſon voiſin, ſi haut que bon luy ſemble, ſans le conſentement de ſondit voiſin, s'il n'y a titre au contraire, en payant les charges : pourueu toutesfois que le mur ſoit ſuffiſant pour porter le rehauſſement; & s'il n'eſt ſuffiſant, faut que celuy qui veut rehauſſer le faſſe fortifier, & ſi doit prendre l'épaiſſeur de ſon coſté.

Conference.

De meſme Melun art. 194. Eſtampes art. 75. Dourdan art. 64. Montfort art.

75. Mante art. 97. Rheims art. 362. & Berry titre 11. art. 5. Calais art. 181. Bar art. 172. Cambray tit. 18. art. 1.

L'Article CXCVI.

Pour baſtir ſur vn mur de cloſture.

Si le mur eſt bon pour cloſture, & de durée, celuy qui veut baſtir deſſus, & démolir ledit mur ancien, pour n'eſtre ſuffiſant pour porter ſon baſtiment, eſt tenu de payer entierement tous les frais, & en ce faiſant ne payera aucunes charges: Mais s'il s'aide du mur ancien, payera les charges.

Conference.

Calais art. 182.

L'Article CXCVII.

Charges qui ſe payent au voiſin.

Les charges ſont de payer & rembourcer

FRANÇOISE. 241

bourcer par celuy qui se loge & heberge sur & contre le mur moitoyen de six toises l'vne, de ce qui sera basty au dessus de dix pieds.

CONFERENCE.

Calais art. 183.

L'ARTICLE CXCVIII.

Pour se loger, ou edifier vn mur moitoyen.

Il est loisible à vn voisin se loger, ou edifier vn mur commun & moitoyen d'entre luy & son voisin, si haut que bon luy semblera, en payant la moitié dudit mur moitoyen, s'il n'y a titre au contraire.

CONFERENCE.

De mesme Montfort art. 77. Mante art. 99. & Rheims art. 363. Calais art. 84.

Q

Chalons art. 138. Bayonne titre 17. art. 4. 5. 6.

L'Article CXCIX.

Nulles feneſtres, ou trous, pour veuë au mur moitoyen.

En mur moitoyen ne peut l'vn des voiſins, ſans l'accord & conſentement de l'autre, faire faire feneſtres, ou trous pour veuë en quelque maniere que ce ſoit, à verre dormant, ny autrement.

Conference.

De meſme Orleans art. 231. Clermont art. 224. Valois art. 127. Niuernois chap. 10. art. 8. Montargis chap. 10. art. 2. Blois art. 232. Bourbonnois art. 53. & Berry tit. 11. art. 4. Calais art. 185. Normandie art. 599. & 602.

Contre, Mante art. 95. Il eſt permis à vn voiſin percer le mur moitoyen d'entre luy & ſon voiſin, au deſſus de neuf pieds du rez de chauſſée du premier estage, & sept pieds au dessus du second estage, & y faire veuës: pourueu qu'elles soient fermées le tout à fer & verre dormant: mais où sondit voisin voudra de nouuel bastir, luy est lors permis de clorre & estouper lesdites veuës iusques à la hauteur de sondit nouuel bastiment.

CONFERENCE.

De mesme Laon art. 268. & Chalons art. 136. Anjou art. 455. Le Maine art. 463. Grand-Perche art. 217.

L'ARTICLE CC.

Fenestres, ou veuës en mur particulier, & comment.

Toutesfois si aucun a mur à luy seul appartenant, ioignant sans moyen à l'heritage d'autruy, il peut en iceluy mur auoir fenestres, lumieres, ou veuës aux vz, & coustumes de Paris: C'est à sçauoir, de neuf pieds de haut au dessus du rez de chauffée, & terre, quant au premier eſtage; & quant aux autres eſtages, de ſept pieds au deſſus du rez de chauffée: Le tout à fer maillé & verre dormant.

CONFERENCE.

De meſme Clermont art. 218. Valois art. 125. Calais art. 166. Normandie art. 604.

C'EST A SÇAVOIR DE NEVF PIEDS DE HAVT.

Meaux art. 76. dit de ſept pieds de hauteur, & és chambres de ſix pieds.

Anjou art. 455. dit à ſept pieds de haut. De meſme Maine art. 463. Perche art. 217. Chaſteau-neuf art. 95. Berry titre 11. art. 13. Chartres art. 80. Dreux art. 68.

Melun art. 189. dit à huict pieds de haut, quant au premier eſtage; & quant aux autres eſtages, de ſept pieds de haut.

De meſme Sens art. 101. & Auxerre art. 105.

LE TOVT A FER MAILLE' ET VERRE DORMANT.

FRANÇOISE. 245

Melun art. 189. dit, auec barres, & barreaux de fer; en maniere qu'on ne puiſſe paſſer, n'endommager ſon voiſin. De meſme Sens art. 101. & Auxerre art. 105.

L'Article CCI.

Fer maillé, & verre dormant, que c'eſt.

Fer maillé eſt treillis, dont les trous ne peuuent eſtre que de quatre poulces en tout ſens: & verre dormant eſt verre attaché & ſeellé en plaſtre, qu'on ne peut ouurir.

Conference.

De meſme Orleans.

L'Article CCII.

Diſtances pour veuës droites, & bées de coſté.

Aucun ne peut faire veuës droi-

Q iij

tes sur son voisin, ne sur places à luy appartenantes, s'il n'y a six pieds de distance entre ladite veuë & l'heritage du voisin: Et ne peut auoir bées de costé, s'il n'y a deux pieds de distance.

L'Article CCIII.

Signifier auant que démolir, ou percer mur moitoyen à peine, &c.

Les Massons ne peuuent toucher, ne faire toucher à vn mur moitoyen pour le démolir, percer & reedifier, sans y appeller les voisins qui y ont interests par vne simple signification seulement: Et ce à peine de tous dépens, dommages & interests, & restablissement dudit mur.

L'Article CCIV.

On le peut percer, démolir & restablir, & comment.

Il est loisible à vn voisin percer ou faire percer & démolir le mur commun & moitoyen d'entre luy & son voisin, pour se loger & edifier, en le restablissant deuëment à ses despens, s'il n'y a titre au contraire, en le denonçant toutesfois au prealable à son voisin : Et est tenu faire incontinent & sans discontinuation ledit restablissement.

Conference.

De mesme Melun art. 194. Montfort art. 78. Estampes art. 77. Mantes art. 100. Rheims art. 363. Blois art. 233. & Bourbonnois art. 505. Et adjoûte, sauf à l'endroit des cheminées, où l'on ne peut mettre aucun bois.

L'Article CCV.

Contribution à refaire le mur commun pendant, & corrompu.

Il est aussi loisible à vn voisin contraindre, ou faire contraindre par iustice son autre voisin, à faire, ou faire refaire le mur, & edifice commun pendant & corrompu, entre luy & sondit voisin ; & d'en payer sa part, chacun selon son heberge, & pour telle part & portion que lesdites parties ont, & peuuent auoir audit mur, & edifice moitoyen.

CONFERENCE.

De mesme Meaux art. 76. & dit qu'il doit contribuer aux frais qui se feront à la reedification dudit mur, tant és fondemens, que iusques à huict pieds de haut hors terre, & rez de chaussée.

Montfort art. 79. adjoûte : Et où ledit

voisin sommé de contribuer aux frais, sera refusant de ce faire six mois apres lesdites sommations à luy deuëment faites, demeurera ledit mur propre à celuy qui l'aura fait construire de nouuel, ou fait refaire, si bon luy semble. De mesme Mante art. 101. Vermandois art. 272. Chalons art. 134. Rheims art. 361. Niuernois ch. 10. art. 4. & 5. dit apres vn an.

Troyes art. 63. dit, si d'auanture il y a mur, cloison ou closture moitoyenne entre deux voisins, & elle déchet & va en ruine, l'vn peut contraindre l'autre à contribuer à la reparation, ou soustenement d'icelle, ou à renoncer à la communauté d'icelle closture. De mesme Sens art. 99. Auxerre art. 102.

Niuernois chap. 10. art. 4. dit, sinon que ladite cheute, ou danger de ruine, procedast de la faute, ou coulpe de l'vn : auquel cas, celuy qui a fait la faute, ou qui est en coulpe, le doit refaire à ses despens : Bourbonnois art. 512. Normandie art. 604. comme Paris.

L'ARCHITECTVRE

L'Article CCVI.

Poutres, & foliues ne se mettent dans le mur non moitoyen.

N'est loisible à vn voisin de mettre, ou faire mettre & loger les poutres, & soliues de sa maison dans le mur d'entre luy & son voisin, si ledit mur n'est moitoyen.

Conference.

De mesme Melun art. 199. Estampes art. 81. & 82. Dourdan art. 69. Rennes art. 365. Sedan art. 285. Montfort art. 80. Mante art. 102. Bourbonnois art. 506. & Niuernois chap. 10. art. 10. Calais art. 192.

Contre, Auxerre art. 112. Orleans art. 232. Bar art. 173. Blois art. 233.

L'Article CCVII.

Pour asseoir poutres au mur moitoyen, ce qu'il faut faire, mesmes aux champs.

Il est aussi loisible à vn voisin mettre, ou faire mettre, & asseoir les poutres de sa maison dedans le mur moitoyen d'entre luy & son voisin, sans y faire faire, & mettre iambes parpaignes ou chaînes, & corbeaux suffisans de pierre de taille, pour porter lesdites poutres, en restablissant ledit mur : Toutesfois pour les murs des champs suffit y mettre matiere suffisante.

Conference.

De mesme Melun art. 199. Estampes art. 82. Montfort art. 81. Mante art. 103. Rheims art. 363. & Bourbonnois art. 507. Calais art. 193.

L'Article CCVIII.

Poutre sur la moitié du mur commun, & à quelle charge.

Aucun ne peut percer le mur moitoyen d'entre luy & son voisin, pour y mettre & loger les poutres de sa maison, que iusques à l'espaisseur de la moitié dudit mur, & au point du milieu en restablissant ledit mur, & mettant, ou faisant mettre iambes, chaines, & corbeaux comme dessus.

Conference.

De mesme Melun art. 209. Mante art. 104. Montfort art. 82. Rheims art. 365. & Bourbonnois art. 508. Estampes art. 83. dit, qu'il ne doit passer outre les deux tiets. Auxerre art. 112. dit, qu'il peut percer tout outre ledit mur, sauf à l'endroit des cheminées, où on ne peut mettre aucun bois. De mesme Montargis ch.

10. art. 4. & Orleans art. 232.

Melun art. 201. dit, le voisin ne peut percer le mur moitoyen, & commun à l'endroit des cheminées de son voisin pour asseoir poutres, ou soliues; ou prendre autre commodité, comme d'vne armoire ou enclaue : De mesme Estampes art. 84. Calais art. 194.

L'Article CCIX.

Es Villes, & Fauxbourgs, on contribuë à murs de closture iusques à dix pieds.

Chacun peut contraindre son voisin és villes & fauxbourgs de la Preuosté & Vicomté de Paris, à contribuer pour faire faire clostures faisant separation de leurs maisons, courts, iardins assis esdites villes, & fauxbourgs iusques à la hauteur de dix pieds de hauteur du rez de chauffée, compris le chaperon.

Conference.

De mesme Melun art. 196. Sens art. 104. Dourdan art. 59. Laon art. 270. Chalons art. 134. Amiens art. 25. Cambray titre 18. art. 6. Chasteau-neuf tit. 13. art. 94. Chartres art. 79. Dreux art. 67. Calais art. 195.

Iusques a la hauteur de dix pieds.

Vermandois art. 270. Chalons art. 134. disent iusques à neuf pieds de hauteur.

Melun art. 109. dit, que les murailles doiuent estre hautes de neuf pieds pour les courts; & de huict pieds pour les iardins, outre les fondemens. Estampes art. 79. dit pour les courts de douze pieds, & pour les iardins de 9. pieds.

Contre Sens art. 99. dit : Aucun n'est contraint de clorre & fermer son heritage, s'il ne veut. De mesme Auxerre art. 120. L'Isle art. 236. La Salle de l'Isle tit. 17. art. 7.

FRANÇOISE.

L'Article CCX.

Comment hors lesdites Villes & Fauxbourgs.

Hors lesdites Villes & Fauxbourgs on ne peut contraindre voisin à faire mur de nouuel, separant les courts & jardins : mais bien les peut-on contraindre à l'entretenement & refection necessaire des murs anciens, selon l'ancienne hauteur desdits murs : Si mieux le voisin n'aime quitter le droit de mur, & la terre sur laquelle il est assis.

L'Article CCXI.

Si murs de separation sont moitoyens, & des bastimens & refections d'iceux.

Tous les murs separans courts & jardins sont reputez moitoyens, s'il n'y a titre au contraire, & celuy qui veut faire baſtir nouuel mur, ou refaire l'ancien corrompu, peut faire appeller ſon voiſin pour contribuer au bâtiment ou refection dudit mur, ou bien luy accorder lettres que ledit mur ſoit tout ſien.

CONFRENCE.

Melun art. 192. dit, tout mur ſera reputé moitoyen & commun, s'il n'y a titre au contraire. De meſme Eſtampes art. 76. & Laon art. 271. & adjoûte, ſinon qu'ils portaſſent entierement le corps d'hoſtel & edifice de l'vn deſdits voiſins ; auquel cas appartient à celuy auquel eſt ledit edifice, ou qu'il euſt titre au contraire, marque, ou ſignification qui denotaſſent par l'art de maſſonnerie, que tel mur n'eſt moitoyen. De meſme Chalons art. 135. Rheims art. 355. Niuernois chap. 10. art. 14. Orleans art. 234. Tournay titre 17. art. 2. Bar art. 175. Tronçon ſur cet article, dit ; Que la Cour par Arreſt de l'Audience du 19. Mars 1612. Pijault l'aiſné Procureur en la Cour, partie ſur vn appel du Preuoſt de Paris, a iugé que cét article n'auoit lieu que pour les maiſons

des

des champs : parce, dit-il, qu'il y a des choses aufquelles nous ne pouuons renoncer : tout ainsi que si vn puits est commun pour s'exempter de la reparation d'iceluy, s'il ne renonce & quitte sa maison qui est proche du puits.

L'Article CCXII.

Comment on peut rentrer au droict de mur.

Et neantmoins és cas des deux precedents articles est ledit voisin receu, quand bon luy semble à demander moitié dudit mur basty & fonds d'iceluy, ou à rentrer en son premier droict, en remboursant moitié dudit mur & fonds d'iceluy.

L'Article CCXIII.

Des anciens fossez communs idem que des murs de separation.

Le semblable est gardé pour la

refection, vuidange & entretenement des anciens foffez communs & moitoyens.

L'Article CCXIV.

Marques du mur moitoyen ou particulier.

Filets doiuent eftre accompagnez de pierres pour connoiftre que le mur eft moitoyen, ou à vn feul.

Par la couftume de Normandie, tout mur & paroy auquel font conftruites armaires, feneftres, ou corbeaux, eft attribuée à celuy du cofté duquel font lefdites armaires ou feneftres: pourueu qu'elles foient faites de pierres de taille de part en autre, c'eft à dire, qui trauerfent le mur: finon en cas qu'il s'en trouuaft des deux coftez, auquel cas ledit mur eft cenfé moitoyen.

FRANÇOISE.

L'ARTICLE CCXVII.

Pour foſſez à eaux, ou cloaques, diſtance du mur d'autruy, ou moitoyen.

Nul ne peut faire foſſez à eau, ou cloaques, s'il n'y a ſix pieds de diſtance en tout ſens, des murs appartenans au voiſin, ou moitoyen.

CONFERENCE.

De meſme Calais art. 203. Orleans art. 148.

L'ARTICLE CCXIX.

Enduits, & creſpis en vieils murs, comment toiſez.

Les enduits, & creſpis ª de maſſonnerie faits à vieils murs, ſe toiſent

---

ª La couſtume de toiſer les Ouurages à Paris, n'eſt pas conforme à cet article, puiſqu'à preſent les enduits & creſpis ſe toiſent à quatre pour vne, & non pas à ſix comme il dit. Il arriue meſme lors que les creſpis & enduits ſont forts, c'eſt à dire lors que le vieil mur eſtant ruiné l'on eſt obligé de renformir, que l'Expert donne par fois trois pour vne, ou ſept pour deux, ce qu'ils appellent medioner.

à la raison de six toises, pour vne toise de gros mur.

Par l'Ordonnance du Roy Charles IX. faite à Orleans l'an 1560. art. 96. Tous proprietaires de maisons & bastimens és Villes, doiuent estre tenus & contraints par les Iuges des lieux, à abbatre & retrancher à leurs despens les saillies desdites maisons, aboutissans sur ruë, & ce dans deux ans pour tout delay, sans esperance de prolongation. Et ne pourront estre refaites ny rebasties, ny pareillement les murs des maisons qui sont sur ruës publiques, d'autres matieres que de pierres de taille, bricques, ou massonnerie de moillon, ou pierres. Et en cas de negligence de la part desdits proprietaires, leurs maisons seront saisies, pour des deniers qui prouiendront des loüages, ou ventes d'icelles, estre réedifiées ou basties.

Et par l'article 99. de la mesme Ordonnance, il est enjoint tres-expressement à tous Iuges, & aux Maires & Escheuins, & Conseillers des Villes, de tenir la main à cette decoration & bien public des Villes, à peine de s'en prendre à eux, en cas de dissimulation ou negligence.

Par le droit ciuil : Si vne maison est tombée, & que telle chose apporte deformité à la Ville, celuy auquel elle appartient peut estre contraint, s'il a des biens pour le pouuoir faire de la reparer ou la remettre en estat. Que s'il n'a assez de moyens pour le pouuoir faire, telle chose se doit faire aux despens du public, qui reprendra ce qui luy aura cousté, auec ses interests, sur les loüages.

Par le mesme droit : Si quelqu'vn plante des oliuiers ou figuiers, il les doit planter loing de son voisin neuf pieds, & pour les autres arbres, deux pieds.

Dans la somme Rural au titre *Des œuures qui sont faites en la chose priuée*, il est défendu, que nul n'edifie à 15. pieds prés de l'Eglise. Et que nul ne fasse solier ne montée prés du iardin, ne des esbatemens du Prince, que du moins il n'y ait l'espace desdits 15. pieds. *a*

Qu'il faut sçauoir à combien pourra reuenir à peu prés vn bastiment, auant que de l'entreprendre, & par quels moyens on le pourra connoistre.

Chapitre XXXVI.

APRES auoir estudié, pesé & consideré tout ce que dessus,

a Il auroit esté bon de ioindre à ce Chapitre le détail des vz & coustumes de la ville & fauxbourgs de Paris, suiuant lesquels on toise & reçoit ordinairement tous les ouurages des bastimens; Mais comme cela est assez long, & contient vn discours plus grand que ne doit estre celuy qui peut estre fait pour des nottes, j'ay mieux aimé en faire vn article separé, & le mettre à la fin de tout le Liure, où on pourra auoir recours.

FRANÇOISE. 263

les Seigneurs & Maistres qui font bastir, doiuent, outre ce, auparauant que d'entreprendre leurs bastimens, considerer exactement à quelle somme pourra reuenir à peu prés toute la dépense : Car de l'entreprendre au dessus de leurs forces, ce seroit imprudemment ne se procurer que du déplaisir & du dommage, au lieu d'en receuoir du contentement, & de la commodité.

Le moyen donc[a] de reconnoistre le plus approchant du vray que faire se pourra, la somme de toute la dépense, est de sçauoir premierement le prix des vuidanges, & transports des terres des fondations, de la pierre de moilon, & de taille, de la chaux, du sable, du gros & menu

[a] L'estimation que l'on peut faire en gros des parties du bastiment, est telle que du prix total, la moitié passe pour la dépense de la massonerie, peu moins du quart pour la charpente, & le reste de la somme pour toutes les autres dépenses, comme de la couuerture, menuiserie, serrurerie peinture, vitres, pauez, &c.

R iiij

paué, des carreaux, tuilles, & ardoises, de la latte, de la contrelatte, du clou, du verre, du plomb, du fer, du bois tant de charpenterie, que de menuiserie, de la peinture de chaque trauée, de celle des portes & croisées, de la natte, de la toise des materiaux de toutes sortes de besongnes, & ouurages, & de la maniere de toiser.

Dautant que le prix de toutes ces choses varie selon la varieté des lieux, & des temps, il est impossible de les décrire tous, autrement le discours iroit peu vtilement presque iusques à l'infiny : Or par ce que la valeur de toutes ces choses est plus asseurée, mieux reglée, & plus connuë à Paris qu'en aucun autre lieu du Royaume, i'ay estimé qu'il suffiroit de la rapporter icy telle qu'elle y est a peu prés a present : Car outre ce qu'elle n'est pas bien connuë de la plufpart de ceux qui veulent entreprendre de baſtir, elle pourra ſeruir d'exemple & de modelle pour ſur iceluy reconnoiſtre, & trouuer auec plus de facilité celle des autres Prouinces.

Le prix ordinaire à Paris pris pour exemple de la vuidange des terres maſſiues, des tranchées, & rigoles, faites pour les fondations, comme auſſi de la pierre de moillon & de taille, & de la nature des principales pierres dont on ſe ſert à Paris.

CHAPITRE XXXVII.

LEs foüillées, vuidanges, & tranſports des terres maſſiues des tranchées, & rigoles faites pour les fondations, ſont plus ou moins cheres, ſelon que les fondations ſont plus ou moins profondes, ou qu'il est besoin de charier & transporter prés ou loing les terres.

Quand il ne faut ietter la terre que sur le bord de la fondation, la toise cube couste *a* ordinairement vingt & vingt-cinq sols, suiuant la qualité de la profondeur : S'il faut non seulement oster la terre, mais encore la transporter au loing, la toise peut reuenir à trente, & trente-cinq, & quarante sols.

La toise cube de moilon prise sur le bord de la carriere, couste six ou sept liures, selon que le moilon est bon : & quand il le faut charier, & rendre en place, il peut *b* reuenir à dix, douze, & quatorze liures, sui-

---

a On ne marchande gueres à Paris à la thoise cube, la vuidange des terres à mettre sur le bord, & lors qu'on le fait elle reuient à trente & quarante sols, suiuant la profondeur. Les terres des vuidanges à transporter coustent à present six liures la toise cube, & quelquefois iusqu'à sept, selon le lieu où on la foüille, & celuy où on la peut transporter.

b Le moilon de Vaugirard ou des Chartreux, ne couste pas moins à present de quinze ou seize liures la toise.

uant qu'on eſt prés ou loing de la carriere.

Le chariot de pierre de taille contenant deux voyes, vaut cent ſols, aux fauxbourgs Sainct Denys cent dix ſols, & quelquefois ſix liures, ſelon la diſtance des lieux.

Il y a en la voye cinq carreaux, & quinze pieds de pierre, ou enuiron en la voye. Quand le chemin eſt mauuais, il faut trois cheuaux pour tirer vne voye, & deux ſeulement quand il eſt beau.

La pierre de Sainct Leu & de vertgelé ſe vendent au tonneau, lequel contient quatorze pieds de pierre cube, & reuient ſur le port *a* à trois liures : Quand la riuiere n'eſt pas nauigable, il peut valoir trois liures cinq ſols.

Le charroy du tonneau vaut, ſui-

---

a La pierre de Saint Leu & de Troci vaut enuiron quatre liures ou quatre liures dix ſols le tonneau ſur le port.

uant la difference des lieux, vingt, vingt-cinq, & trente fols : On mene en vne voye depuis quatorze, iufques à vingt-deux pieds de pierre cube.

Les pierres de taille fe prifent, & s'acheptent encores au pied felon l'appareil, & qu'elles font en grands ou petits quartiers : Car fi ce font, par exemple, quartiers de trois fur trois en quarré, ou s'ils font bar-longs, d'angles toutesfois quarrez, la pierre en eft plus chere : Si bien qu'en ce cas le pied de celle de cli-quart & de liais s'eftime feize & dix-huit fols : & quand ce font pierres de liais propres à faire plates ₐ bandes ou iambages de cheminées, il coufte vingt fols.

Si ce font quartiers cornus de tout appareil, & qu'on en prenne vne bonne quantité, on peut auoir le pied pour dix ou douze fols : Que

ₐ Le liais propre à faire corniches vaut depuis trente iuf-qu'à cinquante fols.

FRANÇOISE. 269

ſi on n'en prend que peu, il vaut quelques quatorze & quinze ſols.

Le haut liais, *a* & le reſte des autres pierres qui ſe tirent aux enuirons de Paris, ne ſe vendent, eſtant de grand appareil, qu'enuiron douze ſols le pied : Que ſi elles ſont de tout appareil, & en petits quartiers, le pied ne peut valoir que huict & dix ſols.

Les pierres de Sainct Leu ne s'eſtiment ny plus ny moins à raiſon de la qualité de leur appareil, ou grandeur, ſi ce n'eſt qu'elles ſoient d'vn appareil & grandeur extraordinaire, comme pour faire *b* de grandes ſtatuës ou auges, & lauoirs, auquel cas le tonneau peut valoir quatre francs ou enuiron.

Il eſt beſoin de remarquer à ce propos, qu'on employe diuerſes

a Le haut liais de bel appareil vaut à preſent vingt ſols le pied.

b Lors que le Saint Leu ou Troci blanc eſt d'appareil propre pour faire des armes ou figures, il vaut cinq, ſix ou ſept liures le tonneau, ſelon la grandeur de l'appareil.

sortes de pierres de taille à Paris: Les principales sont, de Sainct Leu, de vertgelé, de haut & bas cliquart, de liais, ou franc liais, de liais faraut, de haut liais, de bon banc, de haut banc, & de souchet.

La pierre de Sainct Leu est tendre à tailler, mais elle s'endurcit à l'air: Celle de vertgelé est plus dure & plus rude: mais elle est moins polie; elle est fort bonne au dehors, mesme dans les eaux, & aux fortifications.

On fait servir quelquesfois les pierres des carrieres de Sainct Clou, comme celles de S. Leu: mais elles ne sont pas si bonnes ny si propres, leur grain estant plus gros que celuy de celles de Sainct Leu: Elles ne se vendent[a] aussi pas tant que celles de Sainct Leu: Car le tonneau ne

---

[a] La pierre de Saint Cloud ne se vent gueres au tonneau, mais bien à la voye comme les autres pierres; Celle de Troci est la plus belle & la meilleure.

peut valoir sur le port à Paris que quarante-cinq, ou cinquante sols au plus.

La pierre de cliquart ⸱ est la meilleure, & la plus dure de toutes : Elle, & celle de liais resistent mieux, & sont plus propres au dehors que les autres : Le cliquart se doit mettre par le bas, & aux assises de dessous, à cause de sa plus grande durté & fermeté, & qu'il conserue mieux le pied de la muraille, l'empeschant de se gaster & pourrir.

Les pierres de bas cliquart sont propres à faire marches & appuys de fenestres & liaisons dans les murs.

Celles de liais sont plus belles pour les marches & les appuys : Elles sont propres aussi pour les lauoirs, les pauez des cuisines, & les plates-bandes

⸱ On ne trouue presque plus de cliquart, si ce n'est derriere le clos des Chartreux, où il y en a encore quelque peu : Le bonbanc dur tient à present la place du cliquart. Il y a du bonbanc tendre qui se gaste à l'eau, au Soleil, à la Lune & à la gelée, s'il n'est ouuert : Il a le grain fort delié.

& iambages des cheminées.

Le franc liais *a* est le plus dur apres le cliquart & le bon banc.

Le liais faraut *a* est rude, & grumeleux, & ne se taille pas si delicatement que les autres ; il est tres-bon au dehors : car il se maintient contre les injures du temps. Il se trouue tousiours auprés du liais, soit dessus, ou dessous, la partie qui touche le liais est fort dure, mais de peu d'épaisseur ; le reste est dur comme le haut ban.

La pierre de bon banc *a* est aussi dure que le cliquart : mais elle n'est pas si bonne à l'vsure : Celle de haut

a Le franc liais est bon, mais il ne s'en trouue plus gueres qui vaille.

b Le faraut est bon pour les fours & fourneaux, & par tout au feu, ne se consumant point, & ne se reduisant point en chaux, comme la plusart des autres pierres dures : Il se trouue sous le liais doux aux Carrieres du Fauxbourg Saint Iacques.

c Le bonbanc est vne espece de cliquart, qui n'est pas encore parfaitement endurcy ; il en a le grain : & comme il est vn peu plus tendre que le cliquart, aussi n'est-il pas de tant de durée s'il n'est à couuert ; Son appareil est plus haut, & va ordinairemét de seize à dix-huit & vingt pouces.

banc

banc n'est pas si dure : Celle de haut liais est de pareille durté à celle de haut banc.

La pierre de souchet ª est aussi de mesme durté que les deux dernieres : mais elle est plus poreuse. On s'en doit seruir plûtost dans le dedans que par le dehors, à cause qu'elle resiste moins aux injures du dehors. Ie ne parle point du bas liais, parce qu'il ne differe en rien du liais, autrement franc liais, sinon de son espaisseur estant fait ordinairement du franc liais, quand on le moye, & fend en deux.

Il est besoin de remarquer que toutes les pierres qui s'employent à Paris ont des licts, ce qui ne se rencontre pas en tous lieux, ny en toutes sortes de pierre, comme au marbre,

---

ª Le souchet n'est bon que dans les murs bas, aux cares en dedans, & où il ne porte point de fardeau ; Il a des moyeres qui le rendent de mauuais vsage, & c'est la moindre des pierres de taille.

à quoy il faut prendre garde, pour ne les point mettre en parement: Ceux de la pierre de Sainct Leu sont plus malaisez à reconnoistre que les autres.

Toutesfois si les pierres doiuent demeurer à découuert, comme celles qui sont aux entablemens, elles ne doiuent en ces lieux estre posées sur leurs licts: parce que le lict d'en-haut estant à découuert se corromproit facilement par ce moyen: De sorte que pour mieux faire il les faut en tel cas delitter, *a* mettant leurs licts entre les ioints qui sont à costé, & à plomb.

Il faut encores sçauoir qu'il y a trois natures de carrieres à l'entour de Paris, sçauoir, de cliquart, de bon banc, & de liais: On tire de celle de

a Il ne faut pas dire qu'il faut delitter les pierres qui doiuent demeurer à découuert comme aux entablemens; mais bien qu'il faut en cet endroit mettre les pierres de lit en joint, à cause des saillies & des moulures.

cliquart, le cliquart, le haut liais, le haut banc, & le fouchet: De celle de bon banc, se prend le bon banc, le bas cliquart, le fouchet, le haut banc & le haut liais : En celle de liais se trouue le liais, ou franc liais, le liais faraut, & le fouchet: De sorte [a] que le fouchet se trouue en toutes les trois.

Le meilleur moilon [b] vient de S. Maur, & sur tout d'vn lieu appellé Champpignol, situé sur le bord de la riuiere proche le parc : Il se tire aussi de bon moilon à Vaugirard: mais celuy qui vient de Sainct Maur est meilleur ; celuy de Charanton n'est du tout si bon que celuy de Vaugirard : Les carrieres de Challiot, de Passy & d'Auteüil, ne sont de bonté pareilles à celles de Cha-

[a] Il se trouue peu de fouchet propre à tailler, & il ne vaut quasi qu'à mettre en moilon.
[b] Le moilon de S. Maur est bon à cause de sa dureté, & parce qu'estant poreux il est plus leger; & comme il a ses lits, il se pose mieux en liaison que les autres, lesquels ne font que cassez à la masse, sans lits, & la plufpart en teste de chien. Vaugirard est ensuite le meilleur.

renton, & encores moins à celles de Vaugirard.

Les bonnes carrieres *a* de pierre de taille se tirent depuis le derriere des Chartreux, iusques à Vaugirard: La pierre de taille aux enuirons de Vaugirard, n'est pas de si bel appareil que derriere les Chartreux; mais le moilon en est meilleur: Les carrieres qui sont derriere S. Marceau ne sont pas si bonnes que celles qui se trouuent derriere les Chartreux.

a Les bonnes carrieres sont, comme il dit, derriere le clos des Chartreux, aux enuirons du mont Parnasse, vers Montrouge & Vaugirard; le beau liais se tire vers Montrouge, & le beau haut banc vers Vaugirard, principalement lors que les eaux sont basses. Il y a des carrieres où on trouue deux Cieux, à douze ou quinze pieds au dessous l'vn de l'autre; Et par vn mesme trou on tire de la pierre de deux carrieres differentes, sçauoir le haut banc, le souchet & le moilon en celle d'enhaut, & le haut liais & cliquart dans celle d'enbas. Les carrieres appellées de Bodet & de Volée sont les meilleures pour le haut banc, qui se trouue au moins de vingt pouces de haut de grand appareil: Elles sont riches de pierres, & elle valoit cy-deuant vingt sols le pied, mais elles sont demeurées à cause de la dépense; La pierre en est la meilleure de toutes pour toutes choses; On en reconnoist le haut banc, parce qu'il est vn peu troüé à quatre ou cinq pouces du lit de dessous; Il n'y a point de meilleur moilon que celuy de ces carrieres.

Retournant au prix de la pierre, il faut aussi estre aduerty, en ce qui est de la pierre de taille, que la marche de six pieds de long, toute taillée, peut valoir quatre liures dix sols: La toise quarrée * de pierre de cliquart, de liais faraut, & de liais: peut couster à tailler, neuf liures; celle de haut liais & de vertgelé six liures; celle de haut banc, & de souchet quatre liures dix sols, & celle de S. Leu trois liures.

Pour vne toise quarrée, dont la face de deuant soit de pierre de taille, le derriere estant de moilon qu'il faut quarante-huict pieds de pierre, à cause qu'il est necessaire, pour les bien enlier auec le moilon, qu'il y ait quatre pierres à chacune assise, chacune desquelles doit auoir deux pieds de long, deux d'icelles estant

* Le liais faraut ne se taille point à la toise comme les autres, & il cousteroit quinze francs la toise si on le vouloit tailler sur ce pied.

en face, & les deux autres en bou-tiffe, situées en cette sorte: sçauoir en face, & en boutiffe alternatiue-ment, & l'vne apres l'autre. Et que selon l'obseruation de du Cerceau, il faut pour vne toise d'vn pied & demy d'espaisseur, la tierce partie d'vn poinçon de chaux,*trois tom-bereaux de sablon, & cinq de moi-lon, ou blocage: pour vne toise de deux pieds d'espaisseur, vn demy poinçon de chaux, peu moins, auec quatre tombereaux de sable, & sept de moilon, ou blocage, en augmen-tant, à cette proportion la chaux, le sable & le moilon, selon que les murs auront plus ou moins d'épais-seur.

D'autres ont experimenté qu'vn muid de chaud peut suffire pour

---

a Le tiers d'vn poinçon de chaux à trois tombereaux de sable, non pas comme il dit de sablon ; Le tombe-reau à deux pieds de haut, deux pieds de large, & quatre pieds & demy de long.

faire quelques vingt-cinq ou trente toiſes de murailles de moilon, ayant dix-huit pouces & deux pieds d'épaiſſeur, à prendre au muid quarante-huit mines ou minots, pour vne mine ou minot trois boiſſeaux, pour le boiſſeau quatre quarts, & pour le quart quatre litrons, & chaque litron de la capacité d'vne chopine de Paris.

―――――――――

Le prix ordinaire du plaſtre, de la chaux, & du ſable, & ce qu'il y faut obſeruer.

CHAPITRE XXXVIII.

LE plaſtre s'employe en deux façons crud & cuit : Le crud ſe vend à la toiſe, laquelle comme le moilon eſt plus ou moins chere, ſuiuant qu'il conuient la charrier prés ou loing. Car comme le moi-

S iiij

lon peut valoir aux fauxbourgs de Sainct Denys iusques à quatorze & quinze liures, à cause que cét endroit est beaucoup esloigné de la carriere de moilon, le plastre au contraire n'y peut valoir que dix liures, parce que les carrieres du plastre sont là aupres : Ce qui est cause que les Massons mettent plûtost le plâtre en besongne en ce lieu, que le moilon, principalement dans les fondations, l'experience leur ayant appris que le plâtre se conserue presque aussi bien, à ce qu'ils disent, dans terre que le moilon.

La meilleure pierre de plastre vient de Montmartre, & particulierement d'vn lieu appellé Putriere, d'où se tire le meilleur.

Celuy qui est cuit se vend au muid [a], à raison de sept liures dix

[a] Le prix du plastre est quelquefois, comme il dit, de sept liures & demie, & monte par fois à huit & à neuf liures le muid. Iamais les plastriers ne donnent la mesure

sols le muid par toute la Ville.

Il y a trente-six sacs au muid, & quatre boisseaux en chaque sac, si les sacs sont tels qu'ils doiuent estre; Car le plus souuent il ne s'y en trouue que trois & demy. Le muid de plastre fait ordinairement trois toises de besongne, ayant le mur quinze & seize pouces d'épaisseur; qui est l'épaisseur ordinaire qu'on donne aux bastimens communs à Paris.

La chaux se vend aussi au muid, le prix duquel augmente ou diminuë, suiuant que la riuiere est plus ou moins nauigable; De sorte qu'il peut augmenter par fois *a* depuis vingt-quatre liures iusques à trente-deux, la taxe en estant faite comme

qui est de quatre boisseaux au sac. On conte ordinairement le plastre à la voye, qui fait douze sacs, & trois voyes font le muid.

a Le muid de chaux pris sur le port vaut quarante-deux, & quelquefois quarante-quatre liures, sans la voiture, qui est ordinairement de trois liures.

au bois par Messieurs de l'Hostel de Ville.

Il y a de deux sortes de sable ª à Paris, sçauoir, le sable terrin, ou de sablonniere, & celuy de riuiere. Le terrin est tenu pour le meilleur, quand il n'y a point de terre meslée parmy, & ne luy faut qu'vn quart de chaux, au lieu qu'il en faut vn tiers à celuy de riuiere : Il se vend au tombereau, lequel vaut, suiuant qu'il le faut charrier prés, ou loin par la ville, depuis douze sols, iusques à seize, & faut enuiron vingt-quatre tombereaux mediocrement chargez de sable, ou de terre pour contenir vne toise cube.

ª Le meilleur sable est celuy de la plume du fauxbourg S. Germain ; Celuy du Terrin vaut quelquefois iusqu'à vingt sols le grand tombereau à deux cheuaux ; celuy de riuiere ne vaut que dix sols.

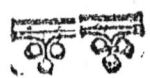

Le prix ordinaire du paué, des carreaux, & des bricques, & ce qu'il y faut obseruer.

CHAPITRE XXXIX.

IL y a deux sortes de pauez à Paris, l'vn gros, & l'autre menu, estant l'vn & l'autre de pierre de grais. Le gros n'est bon & propre que pour les passages publics, & s'assiet seulement auec du sable. Il a six & sept pouces en carré, [a] & peut valoir enuiron six liures dix sols la toise, estant mis en besongne comme il faut.

L'autre paué est encore de deux sortes, n'estant propre qu'à pauer des courts. Le premier est vn paué commun de tout échantillon, il

---

[a] Le paué de ruë vaut iusqu'à neuf liures, selon le lieu.

s'employe à chaux & sable, & vaut enuiron [a] cent dix sols la toise, en fournissant tout par le Paueur. L'autre espece de menu paué est carré, & taillé d'échantillon ; il s'assiet à chaux & ciment, [b] n'estant que de quatre à cinq pouces en quarré, & vaut quelque douze liures la toise mise en œuure : On ne s'en sert qu'aux belles cours, principalement sur des caues, quand il y en a sous la court. Si on adjoûte quatre ou cinq sols sur toise dauantage, on pourra

[a] Le paué de court vaut iusqu'à huit & neuf liures, lors qu'il est auec bonne quantité de chaux & de sable de riuiere ou du Fauxbourg S. Germain, & qu'il y faut beaucoup de hausses. Il vaut dix liures lors qu'il y faut des bornes, qu'il est de bonne espaisseur & de bon eschantillon, estant fait, comme l'on dit, à bain de mortier, dont on se sert pour pauer sur les caues.

[b] Le paué qui se fait à chaux & ciment vaut quarante à cinquante sols plus que l'autre par toise.

Il y a vne autre sorte de paué nommé rabot, qui se fait de pierre de liais & autre pierre dure, que l'on employe à chaux & à sable aux endroits où on ne fait point passer de carosse ny charrois, & où on ne veut pas faire dépense ; Il est toûjours selon les temps la moitié moins cher que l'autre, c'est à dire qu'il vaut ordinairement cent ou cent dix sols la toise quarrée.

auoir du paué noir parmy, pour embellir & enrichir la besongne. Plus ce paué est menu, plus il est beau; mais il ne tient pas si ferme.

On employe au mesme lieu trois sortes de carreau, sçauoir, le grand, le moyen, & le petit. Le grand est tout quarré, ayant sept pouces de quarré: Il est propre à pauer des Ieux de paulme, des atres, & des cuisines, & peut valoir quelques huict liures la toise employée, & trente-trois liures le millier rendu sur la place.

Le paué moyen est ordinairement quarré, & à six pans, ayant six pouces de diamettre; La toise vaut sept liures & demie, & si on y veut parmy des parquets verds, auec des bandes quarrées de mesme couleur, elle peut valoir enuiron huict liures.

Le petit est aussi quarré, & a six pans, n'ayant que quatre pouces: Il vaut enuiron ⁎ quatre liures la toise employée: Que si on veut des bandes verdes auec des parquets, il coûtera quelquefois cinq sols dauantage.

Les grands carreaux se doiuent mettre aux estages d'embas, ou sur des voûtes, à cause de leur pesanteur; & les autres aux estages d'enhaut, à cause qu'ils ne chargent pas tant, pour estre de moindre épaisseur. Plus ils sont petits, plus ils sont beaux.

Il y a deux sortes de bricque, sçauoir la bricque entiere, & la demie bricque, autrement appellée bricque de Chantignole. Elles ont toutes deux huict pouces en longueur, & quatre en largeur: Mais la bricque entiere est deux fois plus espais-

⁎ Le petit quarreau à six pans, vaut quatre liures cinq sols ou quatre liures dix sols, lors qu'il est d'eschantillon. Il faut prendre garde que les Marchands le font de diuers eschantillons, se seruant de terres plus ou moins poreuses, qui se rappetissent plus ou moins en cuisant.

se que l'autre ; la premiere estant espaisse de deux pouces, & l'autre d'vn seulement.

Le millier de bricque *a* entiere, rendu sur le port dans Paris, vaut douze liures. On en charge ordinairement cinq cens dans vn harnois, qui couste vn quart d'escu, vingt & vingt-cinq sols, selon la longueur du chemin : On s'en sert à esleuer cheminées, à orner des pans de murs, à la face de deuant, & à remplir des paneaux de cloison.

On se sert de la bricque de Chantignole, pour pauer principalement aux champs. On l'employe aussi à l'éleuation des cheminées. Quand on ne s'en sert qu'à pauer, elle n'a que la moitié du franc carreau, & partant ne peut valoir qu'enuiron la moitié dudit carreau.

---

a Le millier de bricque vaut presentement quinze & seize liures.

Le prix ordinaire de la tuille, de l'ardoise, de la latte, de la contrelatte, & du clou, tant pour la tuille que pour l'ardoise, & ce qu'il y faut observer.

Chapitre XL.

ON fait estat de trois sortes de tuille à Paris: La premiere est la tuille qu'on appelle du grand moule, la seconde du moule bastard, & la troisiéme du petit moule.

Le grand moule a treize pouces de long, & huict de large: On luy donne quatre pouces *a* d'eschantillon, ou de pureau: Le milier couste trente, & trente-trois liures, & peut

---

a Le grand moule de la tuille peut auoir quatre pouces trois lignes de pureau; le millier de celle du Fauxbourg Saint Germain couste iusqu'à trente-six liures; Celle du Fauxbourg Saint Antoine ne vaut que depuis vingt-quatre iusqu'à trente liures, si ce n'est lors qu'il y a plusieurs bastimens à couurir qui font la presse, auquel cas elle couste plus.

faire

faire enuiron sept toises de couuerture.

Le moule bastard n'est plus en vsage à Paris.

Le petit moule *a* vient pour la pluspart de Saint Prix, parce qu'il ne se fait point d'autre tuille à Paris que du grand moule, c'est pourquoy sa iauge n'est pas arrestée, car il s'en trouue de neuf & de dix pouces de longueur : Sa largeur est presque tousiours de six : Son eschantillon & pureau doit estre de trois pouces & demy, ou de trois pouces trois quarts : Le millier couste huict, neuf & dix liures, & ne fait qu'enuiron trois toises de couuert. Ce n'est pas bon ménage que de s'en seruir : Car il n'est pas de grande durée, estant fort aisé à se casser, & mettre en pieces.

a La tuille du petit moule vient de plusieurs endroits aux enuirons de Paris. Toute tuille, bricque, carreau, &c. se connoist pour bonne, lors qu'estant suspenduë & frappée de quelque chose de dur, elle rend vn bon son.

La latte de tuille *a* couste huict sols la botte, & y en a cinquante en la botte, tellement que le millier reuient à huict liures, sa longueur est de quatre pieds.

Quand il y a quatre cheurons à la latte, on fait la contrelatte de la latte mesme: S'il n'y a que trois cheurons à la latte, il est bon d'y mettre vne contrelatte de siage: La contrelatte couste six blancs la toise, & faut à chaque toise de couuerture trois toises de contrelatte, & quelques vingt-huict ou trente pieces de latte, chaque piece ayant quatre pieds de long pour la tuille du grand moule, ayant quatre pouces de pureau : car pour l'autre tuille, à laquelle on ne donne que trois pouces d'échantillon ou pureau, il faut bien trente-six lattes pour toise.

a La bonne latte sans aubier couste douze, treize & quatorze sols la botte.

Le millier de clou pour la latte à tuille couste douze sols : Pour employer & fournir vn millier de tuille du petit moule, il faut vn cent & demy de latte : mais quand la tuille est du grand moule, il y entre moins de latte, parce qu'il ne faut latter si prés à prés qu'à l'autre tuille : Chaque latte demande cinq cloux pour le moins.

Il faut bien cent quarante cloux pour latter vne toise quarrée sur des cheurons qui seront espacez de trois à la latte, & pour latter sur vn comble, dont les cheurons seront espacez de quatre à la latte, il faut enuiron cent quatre-vingts cloux.

On a meilleur compte à faire marché à la toise, auec le Couureur, laquelle couste " ordinairement six

a Le meilleur marché auec le Couureur est sept liures dix sois la toise des ouurages ordinaires toisez aux vz & coustumes de Paris; pourueu que ce ne soit point ouurage comme de jeu de paume, où il n'y a ny lucarnes ny meaus ouurages.

liures dix fols, quand elle eſt du grand moule, & quatre liures dix fols, ou cent fols ſi elle eſt du petit: Ce marché ſe fait le Couureur fourniſſant de tuille, de latte, de contre-latte, & de clou, meſme le plaſtre qu'il faut pour ſceller les feſtes, ſolins & rueillées des couuertures.

Quoy qu'il y ait deux ſortes d'ardoiſe, ſçauoir celle d'Angers & de Mezieres; neantmoins on ne ſe ſert preſque plus de celle de Mezieres, parce qu'elle n'eſt ſi bonne ny ſi belle que l'autre.

Il ſe taille de l'ardoiſe plus forte & plus foible l'vne que l'autre, tant à Angers, qu'à Mezieres; neantmoins on ne ſe ſert guere de la plus forte au loing, ny meſme à Paris, à cauſe que le charroy en eſt trop lourd, & trop cher.

L'ardoiſe d'Angers a vn pied de long, & cinq à ſept pouces de large.

Le millier couste ᵃ dix-huict liures, & fait quatre toises, & quatre toises & demie de couuerture, quand il est bien mesnagé : On luy donne d'eschantillon ou pureau trois pouces trois quarts, ou trois pouces & demy : mais elle est mieux à trois pouces & demy.

La latte à ardoise couste quatorze sols la botte, & y en a vingt-cinq à la botte, le millier couste vingt-cinq ou vingt-six liures.

Chaque latte touche presque l'vne à l'autre ; Car elle est beaucoup plus large que celle de la tuille. La botte peut faire vne toise & demie de couuerture ou enuiron.

La contrelatte est de siage, & pareille à celle de la tuille : Le clou à

ᵃ L'ardoise d'Angers est la meilleure, principalement celle qu'on appelle roussenoire du grand eschantillon; Elle couste trente, trente-deux, trente-quatre, & quelquefois iusqu'à trente-six liures le millier selon le temps. Elle doit toûjours estre employée sur de la latte & contrelatte sans aubier, cloüée à deux clouds au moins ; La toise selon les prix cy-dessus, va de dix à onze liures.

ardoise couste dix sols le millier: Au millier d'ardoises faut vn cent & demy de latte, & dix & douze toises de contrelatte: A chaque latte faut dix cloux, quand elle est estroitte, mais la latte estant large, il y en faut quinze: Il faut deux clouds à chaque ardoise, & mesme quelquefois trois.

L'ardoise de Mezieres est vn peu plus petite que celle d'Angers: On ne s'en sert presque point à Paris pour les raisons qui en ont esté dites cy-dessus, quoy qu'elle ne couste que dix liures le millier.

On a aussi meilleure raison de l'ardoise, si on en fait marché auec le Couureur à la toise fournie, laquelle est de mesme prix, j'entend celle d'Angers, que la toise fournie de la tuille du grand moule.

Le prix ordinaire du verre, du plomb, & du fer, & ce qu'il y faut obseruer.

Chapitre XLI.

ON se sert de deux sortes de verre pour les fenestrages, sçauoir de celuy de France, & de Lorraine : Celuy de France est le plus beau, & se vend six sols *a* le pied de Roy, & celuy de Lorraine cinq estant employé, sans y comprendre les verges de fer, lesquelles peuuent valoir dix-huict deniers, & deux sols la piece, suiuant qu'elles sont grandes.

Le plus de plomb qu'on employe aux bastimens, est pour les enfestements, les chaineaux de goutiere, les

a Le verre de France est le plus beau, quand il est choisi bien droit & esloigné du bossage du plat ; Il vaut en ce cas sept & huit sols le pied selon les temps.

T iiij

cuuettes, & les defcentes.

La liure de plomb employée vaut deux fols : Le pied de plomb propre aux fufdits ouurages pefe enuiron huict liures, tellement qu'à cette raifon la table de plomb *a* longue de fix pieds, & large de quinze pouces, pefe foixante liures, & partant reuient, eftant mife en œuure, à fix liures.

Le fer qu'on employe aux baftimens, confifte principalement à ce qui eft neceffaire pour fouftenir & arrefter les enfeftements, chaîneaux de cuuettes, & defcentes de plomb, pour tenir en meilleure liaifon, & affemblage les ouurages de maçonnerie & charpenterie, pour les barreaux & treillis, & pour les ferrures

_a_ Le plomb qui s'employe aux baftiments, eftant de dix-huit pouces de large, doit pefer foixante liures la toife pour eftre bon ; Il coufte à préfent douze liures dix fols au moins le cent de liures, & quelquefois iufqu'à quinze liures. Quand on a du vieux plomb, on en donne ordinairement trois liures pour deux de neuf, & quelquefois mefmes deux de vieil pour vne de neuf.

des portes & fenestrages.

La liure de fer *a* mise en œuure vaut deux sols, & pour les grilles & treillis en saillie, six blancs ou trois sols, suiuant qu'il y a plus ou moins de façon.

On se sert pour les ouurages de plomb susdits de crochets d'enfestemens, de crochets à chaîneaux, fers de cuuette, & gaches de descente.

Il faut autant de crochets d'enfestements & à chaîneaux, qu'il y a de cheurons : Le crochet d'enfestement vaut quelques cinq sols, & celuy à chaîneaux huict : Les fers de cuuettes sont pieces de fer, qui supportent & accollent la cuuette, & en faut vne ou deux au plus à chaque cuuette. Selon que la cuuette est grande, elles peuuent valoir qua-

---

a Le fer en œuure vaut douze liures dix sols le cent ; Les grilles au moins quinze liures, si elles sont hastées auec trauerses.

rante ou cinquante sols plus ou moins la piece, à proportion qu'elle est forte ou foible, grande ou petite: Les gaches des descentes seruent à tenir ferme les descentes contre le mur, & s'en met vne d'ordinaire à chaque iointure de plomb, ou de neuf pieds en neuf pieds, ou enuiron: Elles peuuent valoir cinq ou six sols la piece.

Quand les poutres ont leurs portées sur les murs de dehors, on se sert à Paris d'ancres & de tirants pour tenir les murailles plus fermes, & mieux enliées: L'ancre & le tirant peuuent peser ensemble d'ordinaire quelques soixante liures; si les murs sont bons & forts, on n'a que faire de ces pieces de fer.

Quand les cheminées sont sur les croupes, on se sert aussi d'ancres & de tirants pour les souftenir contre l'effort des vents. Il ne faut qu'vn tirant & vne ancre, ou deux tirants & deux ancres au plus à chacune de telles cheminées, felon qu'elles font plus ou moins hautes : mais il entre plus de fer dans ces ancres & tirants, que dedans ceux des murs, & partant doiuent eſtre eſtimez dauantage, fuiuant qu'ils excedent les autres en groſſeur & longueur.

On fe fert encore aux cheminées de potences de fer pour porter les tuyaux quand ils font de bricques: On ne s'en fert point au premier eſtage, parce que la charge n'y eſt pas. Elles peuuent valoir fix liures la piece ; l'vn des bouts s'attache à la foliue d'encheueſtrure, l'autre fe feelle dans la muraille.

On fe fert en quelques autres endroits de la France, quand les murs font fuffifamment eſpais, de corbeaux de longues pierres de taille, au lieu de potences de fer, les lan-

guetes estans soustenuës par des plates bandes de brique en façon d'arc,
qui porte sur lesdits corbeaux, au
lieu qu'à Paris lesdites languetes portent sur des bandes de tremie *a* qui
sont de fer.

On se sert encor de souspentes &
barres de fer : Les souspentes seruent
pour tenir le faux manteau de la cheminée, & en faut vne ou deux au plus
à chaque manteau : Elles se vendent
à la liure, & peuuent peser quatre-
vingts liures, plus ou moins, selon la
longueur qu'elles ont, à raison de la
hauteur des estages.

Quand les plates-bandes des cheminées sont de pierre de taille, on
met au dessous, dautant qu'elles sont
sujettes à se fendre quelquefois par
la trop grande chaleur du feu, vne
barre de fer, qui peut valoir six ou

a Les bandes de tremie qui sont de fer doiuent peser enuiron vingt-cinq liures chácune : Celles qui portent sur les
encheuestrûres doiuent peser trente-cinq liures.

sept liures plus ou moins.

On met aussi pour tenir les atres, & souſtenir les languettes, des bandes de fer qu'on appelle bandes de tremie, lesquelles portent ſur les deux encheueſtrures: chaque bande peut valoir quatre liures la piece, ou enuiron.

Les Charpentiers ſe ſeruent auſſi pour tenir & arreſter mieux les pieces d'aſſemblage de pluſieurs pieces de fer, comme dents de loup, cheuilles, harpons, eſquierres, boulons, eſtriers, & fers d'amortiſſement: Mais toutes ces pieces ne ſont pas beaucoup neceſſaires, quand l'aſſemblage eſt bon, & bien fait: Cela eſt cauſe quelquefois que les Charpentiers ſe confiant en ce ſoulagement, ſe rendent moins ſoigneux de bien aſſembler.

Les dents de loup [a] ſont eſpeces de

[a] Les dents de loup doiuent auoir quatre à cinq pouces de long, & valent neuf à dix deniers la piece.

gros clouds qui feruent aux pofteaux des cloifons, & en faut deux d'ordinaire à chaque pofteau: Mais quand le pofteau fe rencontre dans vn entre-vous, entre deux foliues, il n'eft point befoin en ce cas d'aucune dent de loup. Elles valent enuiron vn fol la piece.

I'ay expliqué cy-deuant, & dit que c'eft que cheuilles de fer, & declaré combien il en faut à chaque trauée en traittant des planchers; chaque cheuille peut valoir huict ou dix fols la piece.

Les harpons font pieces de fer qui tiennent les pans de bois, qui font fur vne ruë, ou dans les courts au dehors, & y en a de deux fortes, dont les vns font tous droits, & les autres crochus: On les applique d'eftage en eftage, & peuuent pefer quinze & vingt liures la piece, & valoir à proportion trente & quarante fols.

Les esquierres se mettent sur les angles de la charpenterie, pour tenir les sablieres aux posteaux corniers, comme en vn escalier & maison bastie de bois sur vn coin de ruë, ou bien sur le coin d'vn cabinet à pans de bois dans vne court : Elles se mettent aussi d'estage en estage, & sont enuiron de mesme prix que les harpons.

Les boulons seruent principalement à attacher plus fermement vne poutre, ou vn tirant à vn poinsson: il en faut deux qui s'attachent au poinsson, sçauoir vn de chaque costé.

L'estrier sert à mesme fin que les boulons; il est toutesfois different du boulon, en ce qu'il est plat, le boulon rond, & accolle & embrasse la poutre ou le tirant, ce que ne fait pas le boulon.

Les boulons sont plus propres

que l'estrier, parce qu'ils se voyent moins. Ces pieces sont de mesme prix que les harpons; On se sert encores d'estriers, pour tenir & arrester des soliues, quand elles sont posées en bacule, comme lors qu'vn pan de bois est en saillie sur ruë, ou sur vne court.

Les fers d'amortissement se mettent sur les poinssons, & peuuent valoir selon qu'ils sont, quatre, cinq, six & sept liures.

Les fers de barreau, grilles & treillis en saillie, ne se peuuent facilement estimer qu'à la liure, toutesfois sçachant, comme ie le declareray cy-apres, combien peut peser [a] vn pied de fer cube, on pourra sçauoir combien vaudra vn pied de barreau, grille & treillis en longueur, selon la grosseur qu'on leur donnera.

[a] Le fer en barre d'vn pouce en quarré, pese enuiron quatre liures & demy le pied. Il n'est toûjours de mesme poids.

La ferrure *a* d'vne porte commune peut valoir cent sols, & celle de chaque croisée, l'vne portant l'autre, cent dix sols, six & sept liures dix sols, quand les croisées sont grandes, les volets brisez, & les targettes de relief: Car quand les croisées sont hautes il y faut plus de targettes & de fiches, & pour cette raison peuuent estre eualuées iusques à dix liures quelquefois.

Le prix ordinaire de la charpenterie, &
ce qu'il y faut obseruer.

CHAPITRE XLII.

LE bois de charpenterie *b* se vend au cent de pieces: La pie-

a La ferrure d'vne porte commune peut valoir sept liures; Celle des croisées communes dix liures.

b Le bois le meilleur pour la Charpenterie, est celuy de chesne; le sapin est bon en foüine, pourueu que les bouts soient enfermez ou entourez de morceaux de dosses autour des portées dans les murs, de peur que le mortier de

V

ce doit auoir douze pieds de long, & six pouces en quarré, tellement qu'elle contient trente-six pouces, sur douze pieds de longueur.

Le cent de pieces vaut sur le chantier deux cens vingt liures, & employé trois cens liures: Il y a toutesfois plus de profit à l'achepter trois cens liures employé, que deux cens vingt sur le chantier.

I'ay dit cy-dessus les grosseurs que doiuent auoir selon leurs portées les poutres, les sablieres, & lambourdes, qui supportent les soliues: Les autres pieces de remarque sont les ais d'entreuous, posteaux de cloisons, sablieres de cloisons, lambourdes à porter les ais, & les parquets des planchers, & les pieces dont est composé le comble de la couuerture,

chaux ne les eschauffe. Le chesne doit estre sans aubier, coupé en saison, c'est à dire en decours depuis Octobre jusqu'en Mars, non roulé, ny venté, ny eschauffé, ny sur le retour.

comme semelles ou tirans, sablieres ou plate-formes, faistes, sousfaistes, pennes, chevrons, arrestiers, empannons, embranchemens, coyers, poinssons, entraits, forces ou arbalestiers, iambes de force, goussets, aisseliers, liens, croix sainct André, tasseaux, iambettes, entre-toises, blochets & coyaux.

Les ais d'entrevous ont d'ordinaire dix pouces de largeur, vn d'espaisseur, & de longueur autant que leurs soliues : Trois de ces ais sur la longueur de douze pieds font vne piece moins vne sixiesme, à cause que ces trois ais ne contiennent que trente pouces, sur la longueur de douze pieds, & la piece en contient trente-six. De sorte qu'il s'en faut six pouces que ces trois ais ne contiennent vne piece : C'est pourquoy la piece employée estant du prix de soixante sols, ces trois ais n'en doiuent valoir que cinquante, à cause qu'il en faut déduire dix sols, qui est la sixiesme partie du prix de la piece.

Ie me suis vn peu estendu à reduire ces ais à la piece, afin que cét exemple serue pour la reduction & éualuation de toutes les autres parties, sans qu'il soit besoin d'en faire mention par cy-apres.

Les posteaux de cloisons, & leurs sablieres ont ordinairement quatre pouces d'espaisseur, six de largeur, & de vuide quinze pouces.

Les lambourdes à supporter les ais & les parquets, ont quelques trois pouces en quarré, & sont esloignées l'vne de l'autre d'enuiron deux pieds à les compter de milieu en milieu.

Les sablieres ou plate-formes sont de pareille longueur que tout le corps de logis : Elles se posent aussi sur la largeur quand la couuerture est esleuée en croupes, & ont quelques six pouces de largeur, & quatre de hauteur :* Il y en a deux de chaque costé, vne sur l'entablement qui est enliée & assemblée auec les blochets ; & l'autre en bas, qui supporte les iambettes, ou bien elles portent toutes deux sur le corps du mur estant assemblées par des entoises de six pieds en six pieds.

Les faistes, sousfaistes, & pannes sont aussi de toute la longueur du corps de logis, quand il n'est pas couuert en croupe, & sont de six à sept pouces en quarré.

*Il y a souuent deux sablieres sur l'entablement de six pouces de large, & quatre pouces d'espais, posées sur le plat, l'vne qui affleure le dedans du mur, & l'autre a quelques six pouces prés du dehors de l'entablement ; Elles sont liées & assemblées auec des petites entretoises, & des blochets par dessus en trauers, dans lesquels sont assemblez les pieds des cheurons & des jambettes à tenons & mortaises.

Les chevrons pour l'ardoise *a* ont en longueur autant que le corps de logis a de largeur, & environ vne huictiesme partie dauantage. Ceux pour la tuille sont vn peu moins longs que le corps de logis n'est lar-

a Voila la pratique que l'on obseruoit au temps que cet Autheur a escrit, dans lequel on tenoit les combles extremement hauts & roides pour ne pas retenir le poids de la neige, laquelle a accoustumé de ruiner les toits; Mais cét vsage s'est aboly petit à petit depuis que l'on a trouué l'inuention des toits recoupez à la Mansarde, de laquelle feu Monsieur Mansard, illustre Architecte, est l'inuenteur, & la pensée luy en est sans doute venuë de l'assemblage des bois de charpente, que le Sangallo Architecte, qui vivoit il y a prés de deux cens ans, auoit figurée pour faire les cintres des voûtes de S. Pierre de Rome, & dont Miguel-Ange Bonarote s'est ensuite seruy au mesme sujet. Nous auons la figure de ces toits recoupez à la Mansarde dans le Palladio de Monsieur le Muet que j'ay crû deuoir ajoûter en ce lieu.

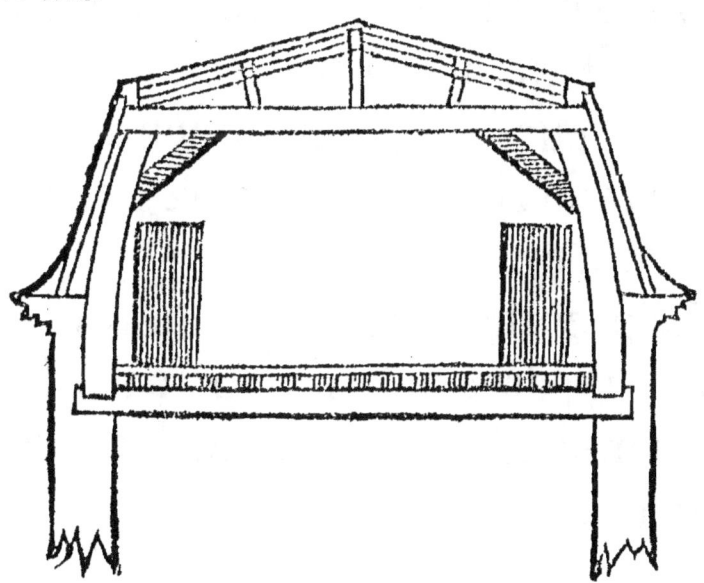

ge, on leur donne ordinairement quatre pouces en quarré.

Les arrestiers sont aussi longs qu'est l'arreste de l'angle des croupes : On les tient vn peu plus gros que les cheurons, à cause qu'il les faut deslarder.

Les poinssons ont en longueur enuiron les deux tiers de la largeur du corps de logis: quelquefois ils s'alongent & s'estendent depuis le faiste iusques sur la poutre, ou semelle: Leur grosseur est de six à sept pouces.

Il n'y a d'ordinaire qu'vn ou deux entraits en vne ferme, & sont en distance l'vne de l'autre d'enuiron six pieds, leur longueur dépend de la largeur du corps de logis, & hauteur de la couuerture.

Le premier entraict a enuiron dix pouces, parce qu'il supporte par fois vn plancher, & le second six à sept pouces.

L'ARCHITECTVRE

Les forces ou arbaleſtiers*a* ont enuiron ſix ou ſept pouces en quarré, leur longueur s'eſtend depuis les bouts du premier entraict iuſques au faiſte.

Les iambes de force ont quelques dix pouces en quarré, & vn peu plus en longueur, qu'il n'y a de hauteur depuis l'aire du plancher iuſques ſous le premier entraict.

Les goucets ont dix pouces, ſur ſix & ſept pouces; & de longueur enuiron trois pieds.

Les liens ont en longueur deux, & trois pieds, & de groſſeur quelques ſix pouces.

On met entre les faiſtes, & ſous-faiſtes dans les combles, qui ſont à

---

a Les Arbaleſtiers ont d'ordinaire huit & neuf pouces par le bas, quelquefois plus, lors qu'ils portent vn gros entrait de ferme pour ſouſtenir vn plancher, & par le haut cinq & ſix pouces; les liens ſont de meſme groſſeur; Ce qui s'entend lors que les forces ou arbaleſtiers ſont depuis le tirant iuſqu'au poinçon. Il eſt bon que les forces ou arbaleſtiers ſoient vn peu courbez en dedans pour auoir plus de force.

fermes sur iambes de force, des croix sainct André, de sept à huict pieds de longueur, & de six pouces de grosseur.

Les Chantignoles & tasseaux ont autant en hauteur, que les pennes sont grosses, & sont de la grosseur des forces.

Les iambettes, blochets & liens, ont six à sept pouces de grosseur: les iambettes & liens qui seruent à former vn cintre sont presque de pareille longueur, sçauoir de trois pieds & demy, ou quatre.

On se sert de coyaux, quand il n'y a point de chaîneaux sur l'entablement pour receuoir les eaux: Il y en a autant que de cheurons, & ont quelques trois pieds de longueur, & autant de largeur que le cheuron.

Ie ne parle point des noulets & cheualets pour couurir les lucarnes, parce que quand on toifera tout le contenu du comble, comme s'il n'y auoit point de lucarnes, les pieces qui rempliroient le vuide des lucarnes contiendroient enuiron autant de bois que le petit comble qui couure lesdites lucarnes.

Il ne fera beaucoup de befoin auffi de fupputer le bois des croupes à part, parce qu'en fupputant tout le comble, comme s'il eftoit à pignon, on y trouuera prefque autant de bois que s'il eftoit en croupe, y adjoûtant les arreftiers & plate-formes, n'y ayant gueres de plus que les enrayeures, à raifon defquelles il y a plus de bois, & de façon aux croupes. C'eft pourquoy ie ne diray rien des coyers, empannons, & embranchements, ny de quelques autres pieces, à caufe qu'il eft impoffible de declarer par le menu les groffeurs & longueurs que doiuent auoir toutes les pieces qui entrent en vn comble de couuerture ; car elles varient en nombre, grosseur & longueur, selon que les combles sont plus hauts ou plus bas, & plus grands ou plus petits.

La supputation aussi cy-dessus specifiée n'a esté faite qu'à peu prés, & par estimation sur vn corps de logis, ayant quatre toises de largeur dans œuure : Or sans prendre la peine d'vne si curieuse & laborieuse supputation. On ne laissera de sçauoir à peu prés, & fort approchant du vray, à combien de pieces peut reuenir tout le bois de la charpenterie d'vn comble, si on compte pour quatre toises [a] courantes de comble, sur vn corps de logis de quatre toises en quarré, esleué à pignons quel-

---

[a] L'on pourroit dire encore, si on compte à la maniere de la campagne pour deux trauées de comble, &c. Quelques soixante & dix ou quatre-vingts pieces, ou mesme plus, si le comble est plus droit, & s'il a plus d'enrayeures.

ques soixante pieces de bois au plus, pour vne couuerture de tuille, & quelques quinze dauantage pour vne d'ardoise. Que s'il y auoit deux croupes, au lieu de deux pignons, on y pourroit encor adjoûter quinze pieces: Suiuant lequel pied faudra augmenter ou diminuer à proportion le nombre des pieces de bois, suiuant que les largeurs & longueurs du corps de logis seront plus grandes ou plus petites: Mais pour auoir vn calcul plus asseuré, il faudroit faire vn plan iuste auec l'esleuation, tant de la largeur, que de la longueur du comble, ou bien vn modelle fort exact de tout ledit comble, puis chercher & prendre ses mesures là dessus.

Le prix ordinaire de la menuiserie, de la peinture en couleur de bois, des trauées, croisées & portes, & de la natte.

Chapitre XLIII.

LA menuiserie s'estime non à la piece de bois employée comme la charpenterie; mais à la piece d'vn ouurage entier, comme porches, portes, croisées, parquets & lambris. Les porches *a* l'vn portant l'autre peuuent valoir dix ou douze liures chacun: les portes ordinaires à vn pouce & demy d'espaisseur, emboitées par haut & par bas, & assemblées à clefs & languettes & collées, six liures: La porte pour entrer d'vne court en vn assez bel escalier, quinze

a On ne parle plus de porches à Paris, soit qu'il ne s'en fasse plus, soit que ce mot ne soit plus en vsage. Les portes d'vn pouce & demy, comme il dit, valent à present sept liures & demy, mesme huit liures si le bois est bien choisi.

& vingt liures, vne porte cochere auec la ferrure deux cens liures : La toise de parquets dix-huict liures, & la toise quarrée de lambris commun, autant.

Les croisées *a* se peuuent estimer & mesurer à la piece & au pied. Quand on les mesure au pied, on estime le pied cinquante & soixante sols; quand elles n'ont que de cinq à sept pieds de haut, on estime la piece douze & seize liures.

On peint à huile en couleur de bois vne trauée, l'vne portant l'autre, pour quatre liures *b* dix sols, ou pour

---

a Les croisées se mesurent au pied de hauteur sur leur largeur de quatre pieds ou quatre pieds & demy, au prix de trois liures, si elles sont bonnes, fortes & a boüement auec leurs guichets ; si elles ont huit pieds de haut, on les conte pour huit escus. On fait des chassis à carreaux de verre à mesme prix ; mais on en fait aussi qui ont en rond entre deux quarrez dehors & dedans auec baguettes en dedans, de prés de cinq pieds de large, lesquels valent quatre liures dix sols & cinq liures le pied ; & l'on estime à proportion celles qui sont plus ou moins larges & hautes, qui ont plus ou moins d'ouurage, & dont le bois est plus ou moins choisi & bien-fait.

b La peinture de couleur de bois qui se fait auec du

cent fols. Deux portes & deux croisées passent ordinairement pour vne trauée.

La valeur de la natte se peut trouuer, & iuger par la quantité des brins qui entrent en la toise : Car le brin* gros ou menu, s'estime ordinairement vn sol. De sorte que plus il est fin, plus la toise est chere, dautant que le brin estant plus menu, il y en entre dauantage.

blanc de ceruse & de l'ocre auec bonne huile de noix, vaut sept liures ; mais celle-là n'est gueres en vsage, & il s'en fait à tous prix.

*La natte la plus menuë de brin est la meilleure ; si le brin de paille est fin, la toise de la natte vaut depuis vingt iusqu'à quarante sols. On ne s'en sert plus gueres à present à cause de la vermine qu'elle engendre, & du danger du feu, les chambres mesmes & les cabinets estant maintenant plus ouuerts qu'ils n'estoient autrefois ; il ne s'y conserue plus tant d'humidité que dans les chambres des vieux bastiments où tout pourrissoit, & où il faloit se seruir de natte pour tenir les lieux secs, & conseruer les tapisseries & les meubles.

Du toisé de la massonnerie, & char-
penterie, & en quelle façon
il se practique.

CHAPITRE XLIV.

Q̃VOY qu'on sçache le prix de tous les materiaux & ouurages susdits : On ne peut neantmoins sçauoir à combien pourra reuenir le total du bastiment, si on ne sçait le toisé, & en quelle façon les Maslons & Charpentiers le pratiquent. Il faut donc sçauoir en ce qui regarde la massonnerie, que les cloisons recouuertes des deux costez, les enduits des galetas, à cause qu'il faut contre-latter, le seellement des lambourdes qui supportent les ais & parquets, les pauez à quarreaux, & les languettes des tuyaux des cheminées, vont pour gros mur : neantmoins

moins il y en a qui iugent les susdits seellements à trois toises deux. Les aires & planchers de plastre, les cloisons non recouuertes de part ny d'autre, & les aisles des lucarnes, vont à deux toises pour vne : Si elles sont recouuertes d'vn costé, elles se comptent à trois toises pour deux: L'enduit des vieilles murailles qu'il faut rehacher, se compte à six toises pour vne: mais quand elles n'ont iamais esté enduites, ou qu'il y a quantité de reformez, & restablissement à faire contre, les enduits vont à quatre toises pour vne : Les solins *a* qui sont au dessus des poutres, se toisent au pied. On compte vn pied pour chaque seellement de corbeau, & vn pied aussi pour chaque seellement de gond aux contreuents,

a Les solins ne se content que pour vn quart de pied chacun. On conte vn pied pour les corbeaux lors qu'ils sont seellez auec bon tuilleau & plastre sur le derriere, & sous esclats de pierre dure sous le deuant, lequel doit estre plus haut que le derriere de demy pouce.

X

mais pour le seellement des autres on ne compte que demy pied : Le seellement des barreaux de fer se toise pour demy pied chacun dans la pierre de taille, & dans le plastre pour vn quart : On compte demy pied *a* aussi pour chaque piece de moulure, quoy qu'elle n'excedast la grosseur d'vn doigt.

Il faut toutesfois sçauoir que les susdits marchez à vne, deux, trois & quatre toises pour vne de gros mur, ne s'estiment de la sorte, que lors qu'on entreprend vn bastiment entier, où il y a beaucoup de murs de massonnerie : Car s'il ne s'agissoit, par exemple, que de l'enduit

---

a L'ancienne methode de conter chaque piece de moulure pour demy pied est la meilleure, lors qu'elles ont deux faces auant que d'estre arondies ou creusées, dautant que l'on conte chaque face pour vn quart de pied. Il y a neantmoins telle moulure qui aura trois & quelquefois quatre faces auant que d'estre arondie ou creusée, & elle doit estre toisée par les faces qu'elle aura euës ; ce qui fait qu'il faut bien sçauoir comme les moulures se font pour les pouuoir toiser au iuste.

d'vn lambris, la toise duquel va pour toise de gros mur en fournissant de lattes, & de cloux; cette toise d'enduit, en n'y faisant point de nouueau mur de massonnerie, ne seroit prisée que quatre liures ou enuiron, au lieu qu'elle passeroit pour le prix de huit & neuf liures en vn bastiment neuf, à cause que le Masson, en ce cas, fait meilleur prix de la toise de gros mur, laquelle il n'entreprendroit pas quelquesfois pour douze liures, s'il n'y auoit point d'autre besongne que de gros mur.

On toise aux marches tant la hauteur, que la largeur, ou giron, & pas, & en cette façon de toisé, elles vont pour gros mur : Si ce sont marches tournantes, on ne les toise que par le milieu de leur longueur.

L'arc de la voûte se toise par dedans œuure, & pour toiser le remplage des reins de la voûte en berceau, on prend le tiers de la longueur de l'arc, que l'on multiplie par la longueur de toute la voûte : Pour celles qui font en lunettes, ou en voûte d'arreſtes,* on prend le quart de l'arc, au lieu qu'en la voûte en berceau on prend le tiers : Mais cette façon de toiſer eſt pleine de grand erreur, comme le comprendront fort facilement ceux qui ſont entendus en Geometrie : C'eſt pourquoy il y faut proceder ſuiuant les regles de cét art, afin que perſonne n'y ſoit trompé.

a Les remplages ſoit que les voûtes ſoient à berceau ou à lunettes, ſe comptent quaſi toûjours au tiers, à cauſe qu'il y a plus de ſujetion aux lunettes, & que le mortier y doit eſtre meilleur qu'aux autres.

Pour toiſer les arcs à plein ceintre au plus prés du juſte, il ne faut qu'ajoûter la moitié du diametre au diametre entier, & multiplier les deux enſemble par la longueur; ce qui en prouiendra donnera la capacité du contour, dont on prend le tiers pour celle des reins. Comme ſi vn berceau auoit 12. pieds de large, & 20. pieds de longueur; Il faut ajoûter à la largeur, qui eſt 12. ſa moitié 6 & multiplier leur ſomme 18. par la longueur 20. pour auoir 360. pour le contour du berceau, dont le tiers eſt 120. pour les reins ; Et partant tout le toiſé du berceau eſt de 480. pieds.

Les pilles de pierre de taille, qui ont quatre faces, telles que peuuent estre celles qui sont dans les caues & offices, & qui souftiennent des arcades, se toisent sur leur largeur & espaisseur, tellement que si vne pille a quatre pieds de large & deux d'épais, elle sera toisée pour six pieds.

Il faut encores remarquer qu'il y a deux sortes de toisés en vsage aujourd'huy; l'vn qu'ils appellent *Selon les vz & couftumes de Paris*; & l'autre, *A toise bout-auant sans retour*, suiuant l'Ordonnance de l'an 1557. du Roy Henry II. Par la premiere, on ne toise point le vuide" quand il est excessif; mais on toise toutes les saillies & moulures, & de telle sorte que toute piece de moulure, pour petite qu'elle soit, comme vn filet, & vn quart de rond est compté

a Aux vs & couftumes de Paris il n'y a point de vuide excessif lors qu'il y a parement de pierre piquée, taillée, plastre ou enduit, & fondé au dedans du vuide.

pour demy pied chacun, encor que par fois il n'aye pas demy pouce: Si bien qu'vne corniche qui n'aura pas vn pied de haut, peut reuenir par cette procedure de toifé à plus de six pieds.

Quand les marchez font conceus en ces termes, *Selon les vs & couſtumes de Paris*, les Maſſons enrichiſſent & embelliſſent le baſtiment de moulures & ſaillies le plus qu'ils peuuent : Par l'autre façon de toifé, ſçauoir, *A toiſe bout-auant ſans retour*, le Maſſon eſt obligé par l'Ordonnance, d'enrichir & orner de ſaillies & moulures le baſtiment, ſuiuant que la qualité d'iceluy le requerra, ſans que leſdites ſaillies & moulures puiſſent eſtre toiſées, ny le vuide, ains ſeulement le plein : Neantmoins l'vſage eſt aujourd'huy de toiſer tant le vuide que le plein, meſme iuſques à la pointe des pignons, & ſommité des lucarnes, & le tout quarrement, tellement qu'en toifant le vuide auſſi bien que le plein, il ſe trouue quelquefois plus de vuide que de plein, & remply de maſſonnerie : Ce qui apporte par fois des differents quand ce vient à ces toiſés, entre celuy qui a fait baſtir, & l'Entrepreneur, ou Maſſon : Car ſouuent ceux qui font baſtir, n'entendans pas ces termes, ſe trouuent trompez en leur calcul : Sur quoy les Maiſtres Maſſons reſpondent, qu'ils euſſent fait leur marché à plus haut prix, ſi le toiſé ſe fut fait plus deſauantageuſement pour eux : C'eſt pourquoy à mon aduis il feroit beſoin, comme quelques-vns font, d'expliquer dans les marchez plus nettement & clairement les termes du toiſé, & declarer en termes exprés, ſi on entend toiſer ou non les ſaillies & moulures, à raiſon de demy pied pour chaque partie de moulure, ou si elles ne seront point toisées du tout, comme pareillement si le vuide se toisera aussi bien que le plein, ou bien si on ne toisera que ce qui sera plein & remply de maſſonnerie.

Il se rencontre aussi quelquefois de la difficulté pour le toisé des pieces de charpenterie : Car les soliues qui ont cinq pouces sur sept, se toisent comme si elles auoient six pouces en quarré, qui font trente-six pouces en surface, au lieu que cinq multipliez par sept n'en font que trente-cinq.

Dauantage, dautant que les pieces de charpenterie fournies par le Marchand augmentent en longueur, & sont plus grandes les vnes que les autres de trois pieds, sans qu'il s'en trouue de sept, ny de huict pieds, de dix ny de vnze, de treize, ny de quatorze, de seize, ny de dix-sept, &

ainſi des autres conſecutiuement:
Quand la longueur d'vne piece approche de plus prés la piece du Marchand, qui excede en grandeur immediatement vne autre moindre, comme quand elle approche de plus prés la grandeur de douze pieds, que de neuf, elle eſt toiſée comme ſi elle eſtoit longue de douze pieds, encore qu'elle n'euſt gueres plus de dix pieds & demy de long, parce que les Charpentiers diſent que la rogneure qui reſteroit leur demeureroit inutile, pour eſtre trop courte: que ſi elle n'a que dix pieds de long, elle ne ſera toiſée pour douze pieds, ains pour dix ſeulement, à cauſe qu'il leur reſtera deux pieds de rogneure, qu'ils peuuent faire ſeruir: Que ſi elle eſt de dix pieds & demy iuſtement, elle ne doit paſſer auſſi pour vne piece longue de douze pieds, ains pour vne de dix pieds & demy, dautant

qu'en coupant & fiant vne piece de vingt & vn pied de longueur par le milieu, ils en font deux pieces de la longueur de dix pieds & demy chacune, fans aucune perte de bois.

Pour éuiter donc tous ces embarras, & difficultez auſſi bien au toiſé de la charpenterie, que de la maſſonnerie, il me ſemble qu'il ſeroit pareillement beſoin d'expliquer fort diſtinctement, bien au long, & intelligiblement toutes les conditions tant de l'vn que de l'autre toiſé: Car à cauſe de tels & ſemblables differents, il eſt interuenu Arreſt de la Cour de Parlement de Paris, le treiziéme iour d'Aouſt mil ſix cens vingt-deux, & imprimé audit an chez Morel & Metayer, par lequel eſt ordonné qu'il demeurera en la liberté des parties, en fait de viſitations & rapports en juſtice, & autres actes dépendants de l'art de Maſſonnerie &

Charpenterie, de nommer & conuenir d'experts Bourgeois, & autres gens à ce connoissans, autres que les Iurez en titre d'Office.

Autres moyens plus faciles que les precedents, mais non si exacts, pour sçauoir à peu prés à combien peut reuenir vn bastiment.

CHAPITRE XLV.

IL reste encor d'autres moyens pour sçauoir à peu prés à combien peut reuenir vn bastiment fait & parfait, la clef à la main, qui sont fort faciles, mais non si exacts que les precedents, c'est par l'estimation de la toise courante, sçachant ce qu'elle a cousté en deux sortes de bastiments de pareilles grandeurs, mais de differents prix, en iugeans à proportion de la valeur des autres, selon qu'ils seront plus grands, ou plus petits : Par exemple, la toise courante des bastiments de la place Royale, qui sont à trois estages quarrez, reuestus & ornez par le dehors de pierre de taille & de bricque, auec la largeur de quatre toises en dedans œuure, n'a pas cousté à ceux qui ont des mieux & noblement basty, dix-huit cens liures, non compris l'achapt de la place. Tellement qu'à ce compte tous les bastimens en pauillons qui sont sur les quatre costez de cette grande place, en prenant chaque costé de soixante & douze toises de long, n'auroient pas cousté cinq cens trente-huit mille quatre cens liures, qui seroit pour chaque costé six-vingts neuf mille six cens liures.

La toise courante aussi des bastimens qui se font aujourd'huy en l'Isle Nostre-Dame, ayant caue sur caue, trois eſtages quarrez, & quatre toiſes de largeur dans œuure, ne peut reuenir, ſans y comprendre l'achapt de la place, à douze cens liures. Il eſt vray que les murs qui ſont ſur la ruë ne ſont que de moilon, auec des iambes boutiſſes & eſtrayeres par voyes, ſans que les harpes des pierres ſoient eſquarrées, ny les jambes ſous poutres perpaignes, & encor moins à joints quarrez les croiſées de pierre de taille, ains cueillies en plaſtre pour la pluſpart, les ſolins par le dedans recouuerts de lambourdes, & les entreuoux des ſoliues d'ais, ains de plaſtre ſeulement: Quoy que ce ſoit, vn corps de logis en cette place de la longueur de cinq toiſes, & de la largeur de quatre en dedans œuure, baſty & eſtoffé en la forme qu'ils ſont, au prix & pied ſuſdit, de la toiſe courante, ne peut reuenir qu'à quelques ſix mille liures. On peut donc à proportion de ces deux differentes façons de baſtir, & de leurs prix, arriuer à peu prés à l'eſtimation d'vn autre baſtiment qui ſera plus grand, ou plus petit, & plus ou moins eſtoffé, & enrichy.

De la peſanteur de diuers materiaux neceſſaire d'eſtre ſceuë.

CHAPITRE XLVI.

DAVTANT qu'il importe à ceux qui baſtiſſent, & ont beſoin de faire charrier & manier diuers materiaux, de ſçauoir la difference de leur peſanteur; & que cette connoiſſance ne peut eſtre qu'agreable à toutes ſortes de perſonnes, i'ay eſtimé eſtre à propos d'en rapporter & adjoûter à la fin de ce preſent traitté l'eſpreuue qui en a eſté faite fort exactement. On a donc trouué

FRANÇOISE.

que la grosseur & quantité d'vn pied cube d'eau douce pese soixante & douze liures: celle de mer soixante & treize liures, & cinq septiesmes: celle d'estain, cinq cens soixante & seize liures: celle de cuiure, six cens quarante-huict liures: celle d'argent, sept cens quarante-quatre liures: celle de plomb, huict cens vingt-huict liures: celle d'argent vif, neuf cens soixante & dix-sept liures, & vne septiesme: celle de l'or, mille trois cens soixante & huict liures: celle de terre, quatre-vingts quinze liures, & vn tiers: celle de sable terrain, six-vingts liures: celle de sable de riuiere, six-vingts douze liures: celle de chaux, cinquante-neuf liures: celle de mortier, six-vingts liures: celle de plastre, quatre-vingts six liures: celle de pierre commune, sept-vingts liures: celle de pierre de Saint Leu, cent quinze liures: celle de pierre de liais, cent soixante & cinq liures: celle de marbre, deux cens cinquante & deux liures; celle de bricques, cent trente liures; celle de tuilles, cent vingt-sept liures: celle d'ardoise, cent cinquante & six liures: celle du sel, cent dix liures, & deux septiesmes; celle de miel cent quatre liures, & deux cinquiesmes: celle de vin, soixante & dix liures, & quatre cinquiesmes; celle d'huile, soixante & six liures; celle de cire, soixante & huict liures, & huict vnziesmes; celle de bois d'aulbie, trente-sept liures, & sept douziesmes; celle de bois de chesne, soixante liures; & le minot de bled froment cinquante & cinq liures. Tout ce que dessus, pour le regard des métaux, a esté tiré de Monsieur l'Euesque de Candale, & pour les autres, de Tartaglia, Pisgafeta, Ghetaldus & Bodin, l'extrait m'en ayant

ayant esté donné par le Sieur Aleaume Ingenieur du Roy. Villalpandus en ses commentaires sur Ezechiel, rapporte plus compendieusement la proportion & difference du poids, que l'huile, l'eau, le miel, & les métaux ont les vns aux autres, estant pris chacun en pareille masse & grosseur: Car suiuant son obseruation, si l'huile pese neuf onces; vne mesme quantité d'eau en doit peser dix, celle de miel quinze, celle d'estain soixante & quinze, celle de fer quatre-vingts, & trente-deux, trente septiémes, celle de cuiure quatre-vingts & vnze, celle d'argent cent & quatre, celle de plomb cent seize & demie, celle d'argent-vif cent cinquante, & celle d'or cent quatre-vingts sept & demie.

Edouuardus Brerevvod en son traité *De Ponderibus*, sur la fin, ne s'accorde gueres bien auec les susdits Autheurs.

Y

Declaration des principaux Autheurs, qui ont escrit non seulement de toutes les parties de l'Architecture, mais aussi de quelques-vnes d'icelles : à la plus grande partie desquelles le Lecteur a esté renuoyé en beaucoup d'endroits du present œuure.

CHAPITRE XLVII.

PARCE que ie n'ay entrepris au present discours de traitter de l'Architecture de tous les bastimens, ains seulement des particuliers qui se font à la mode & maniere Françoise; & que mesmes en ce qui concerne le sujet de cét œuure, quand i'ay veu quelques poincts & articles d'iceluy auoir esté suffisamment traitez par quelques autres, i'y ay (pour n'vser de redite) renuoyé le Lecteur, il m'a semblé qu'il estoit necessaire, pour apporter plus de contentement, & vne instruction plus entiere à ceux qui prennent plaisir à l'estude de l'Architecture, & qui desireront d'estre plus amplement satisfaits sur ce sujet, de leur donner aduis de tous les principaux Autheurs qui ont escrit des bastimens & circonstances d'iceux.

Sur quoy ie m'estonne beaucoup de ce que parmy vn grand nombre d'Architectes qui ont esté aux siecles passez, tant parmy les Grecs que les Romains, il n'en est resté aucun Grec, que ie sçache à present: quoy que les Romains ayent premierement appris cette science des Grecs, n'y ait mesme entre tous les Latins qu'vn seul Vitruue, & quelques petits fragments de Palladius, & ce que Pline en a touché superficiellement çà & là en diuers endroits, encore que Vegece escriue que de son temps

on comptoit quelques sept cens Architectes dans Rome.

Pour commencer donc cette declaration *a* i'y mettray Vitruue le
premier, lequel se trouue non seulement en Latin corrigé par Iocun-
dus, Philander & Barbaro, mais aussi
traduit en diuerses langues, & particulierement en la nostre par *b* Iean
Martin.

a Il a raison de mettre Vitruue le premier, comme le pere des Architectes, non pas tant à cause qu'il est le seul de tous les anciens, dont nous ayons les ouurages escrits sur cette matiere, que parce que sa doctrine est admirable quasi par tout. Ce n'est pas que dans les mesures de ses ordres, il n'y ait beaucoup de choses qui ne répondent pas à la beauté des bastimens qui nous sont restez de l'antique; & l'on pourroit douter que le texte ne fut corrompu en ces endroits, si nous n'auions trouué quelques fragmens dans les ruines de Rome, qui suiuent assez precisément ses preceptes, & qui nous font iuger que Vitruue a parlé selon son goust, & celuy de quelques Architectes de son téps, qui peut auoir esté changé & rendu plus agreable par d'autres.

b Cette traduction est moins intelligible que le texte de Vitruue; Et quoy que l'on soit obligé à cet Interprete de la peine qu'il s'est donnée dans ce trauail, il est pourtant vray qu'il n'est pas de grande vtilité; puis qu'il y a vn million de passages de Vitruue qu'il a mal entendus, & qu'il a mesme expliqué les plus faciles auec peu de succés. Nous aurons dans peu de iours vne traduction de Vitruue infiniment plus exacte & plus iuste, & qui peut mesme estre appellée parfaite, laquelle est donée au public par Monsieur Perrault, qui l'a remplie de mille obseruations curieuses,

Philandri annotationes ᵃ *in Vitruuium in 4. & in 8.* Car il est aucunement different en ces deux differents volumes.

Gaudentius Merula sur le mesme Vitruue.

Le mesme Vitruue tant Latin, qu'Italien, & commenté par Daniel Barbaro ᵇ en deux volumes, sçauoir,

ᵃ Ie ne sçaurois assez loüer cet Interprete, qui est le premier, pour ne pas dire le seul, qui a fait que l'on pouuoit lire Vitruue. Il faloit vn homme d'vne aussi profonde erudition, & d'vne aussi grande estenduë de sçauoir qu'estoit Philander, pour donner quelque lumiere à cet Autheur, dont le style est si peu Latin & si obscur, dont le texte est si corrompu, & dont les figures sont perduës. Nous apprenons par l'histoire de sa vie, que l'illustre Monsieur de la Marre, Conseiller au Parlement de Dijon, a donnée depuis peu au public, qu'il s'appelloit Philandrier, qu'il estoit de Chastillon sur Seine, qu'il auoit composé vn tres-sçauant Commentaire sur Quintilien, & qu'il est mort Chanoine & Archidiacre de Rhodéz. Il seroit à souhaitter que ses Notes sur Vitruue eussent esté bien traduites ; Car ce que l'on a mis en François de sa belle digression sur les ordres, ne me satisfait point.

ᵇ Il y a quantité de bonnes choses dans le Vitruue de Daniel Barbaro ; Il est vray qu'il en a pris la pluspart de Philander ; Et dans ce qu'il y a mis du sien il est si prolixe, qu'il en deuient ennuyeux ; Il y a dans son Liure vn traité excellent des Cadrans au Soleil faits sur l'analemme de Ptolomée, qui luy a esté donné par Commandin ; Les figures d'Architecture de son Liure sont belles, & l'on croit que c'est Palladio qui les a faites.

en grand fol. & in 4. à cause qu'il y a quelque difference en ces deux volumes.

Vitruuio tradotto in volgare & commentato, & di figure illustrato da Cæsare Cæsariano [a] *Milanese in fol.*
Le mesme par Caporali.
Gio Antonio Rusconi [b] sopra il Vitruuio.

a Cet Interprete s'appelle luy-mesme Sisarani sur la fin de son Liure ; Il y en a encore vn autre du mesme temps qui n'a traduit que les cinq premiers Liures de Vitruue, qui s'appelle Caporale; Ils viuoient il y a plus de trois cens ans, & ils sont les Architectes, comme on croit, du Dôme de Milan, & de la Chartreuse de Pauie. Et comme ces bonnes gens sont les premiers des Modernes, qui ont mis le nez dans Vitruue, il ne faut pas s'estonner s'ils y ont si peu réüssi. Ils auoient la teste si pleine des chimeres de l'Architecture Gothique, qu'ils ont mesme tasché de reuestir celle du bon Vitruue du mesme habillement barbare. L'on peut douter par la barbarie de leur langage, si c'est en Latin ou en Italien qu'ils ont voulu escrire.

b C'est dommage que nous n'ayons point le discours que Rusconi auoit apparamment composé pour l'interpretation de Vitruue ; Et nous voyons par ses figures qui nous sont restées, que les lumieres de cet Interprete estoient grandes, & qu'elles auroient facilité l'intelligence de cét Autheur. Ie ne crois pas le Discours qui est imprimé auec les figures de Rusconi soit de luy, parce qu'il y a quantité de lettres de renuoy dans les desseins dont il ne parle point; il y a apparance qu'il a esté ajoûté par quelque personne mediocrement versée en cette matiere, pour accompagner les figures qui n'auroient pas eu tant de grace si on les auoit imprimées sans discours.

Bernardus Baldus [a] *de verborum Vitruuianorum significatione, Scamilli impares Vitruuiani ab eodem Balbo noua ratione explicati.*

Le mesme Autheur commenté en Aleman par Riuius.

Pline en diuers endroits, principalement aux liures 14. 16. 31. & 36.

Procopius de Iustiniani [b] *ædificijs cum*

a Cet ouurage de Baldus est admirable, & il sert infiniment à l'intelligence non seulement de Vitruue, mais de Pline, & de tout ce qui se trouue d'Architecture dans les Autheurs anciens. Nous en aurons bien-tost vn autre en nostre langue, dont le trauail & l'exactitude ne se sçauroit assez estimer; C'est vn Dictionaire des Arts que M. Felibien a composé, & qu'il a remply de mille recherches curieuses & sçauantes. Les Elzeuirs ont fait imprimer il y a quelques années vn Vitruue Latin in folio en tres-beau caractere, auec des notes qu'ils appellent Variorum, tirées de Philander, Barbaro, Baldus, & de Saumaize sur Solin. Ils y ont ajoûté quelques petits traitez fort vtiles & curieux sur cette matiere; sçauoir, les deux liures des Elemens d'Architecture du Cheualier Wotton Anglois, vn abregé de tous les Liures de Georgius Agricola, des mesures & des poids fait par Philander; les nottes de Meibomius sur Vitruue au sujet de la Musique, la restitution elegante de la Volute Ionique par N. Goldman, le Dictionaire des mots de Vitruue de Baldus; les Scamilles impairs du mesme Autheur, & les deux liures de la Peinture de Leon-Baptiste Albert.

b L'Architecture estoit déja tellement décheuë au temps de Procope, qu'il n'y a pas grande chose à apprendre de cet Art dans cet Autheur, lequel au reste ne parle qu'en

Adamæi annotationibus, il se trouue tant en Grec qu'en Latin.

Illustrium vrbis Romæ ædificiorum & ruinarum monumenta nunc in ampliorem formam redacta per Ioannem Magium.

Antiquæ vrbis splendor Auctore & Sculptore Iacobo Lauro Romano.

Antiquæ vrbis splendoris complementum eodem Auctore & Sculptore.

Les Antiquitez de Rome par Ducerceau.

D'ella transportatione dell' obelisco Vaticano in Roma, & delle fabriche di Sixto V.

L'Architecture de Leon-Baptiste Albert[a] : elle se trouue en Latin, en Italien, & en François.

gros des bastimens de l'Empereur Iustinien, & ne s'areste point à en décrire les parties dans le détail.

[a] Le liure de Leon-Baptiste Albert est estimé le meilleur, apres Vitruue, pour ce qui regarde le bastiment en gros, la solidité & le particulier des edifices ; C'est dommage que ses desseins soient si grossiers, si secs & si Gothiques, & qu'il ait si mal réüssi aux mesures de quelques-vns de ses ordres d'Architecture.

Tutte l'opere d'Arthitectura [a] *di Serlio in fol. & in 4.* à cause qu'il y a quelque différence.

Libri del l'Architectura di [b] *Andr. Palladio.*

Architectura [c] *di Cataneo.*

[a] La lecture de Serlio est excellente pour vn homme qui s'est déja fortifié dans le bon goust de l'Architecture, parce qu'il peut prendre de grandes idées dans les desseins que cet Architecte a faits des bastimens antiques ; Mais il est dangereux à ceux qui ne peuuent pas faire le discernement de ce qu'il y a à reprendre dans les mesures, & particulierement dans celles de ses ordres d'Architecture, où il est sec & vn peu Gothique, quoy qu'il semble auoir suiuy la doctrine de Vitruue ; C'est dommage qu'il n'y ait plus de iustesse & d'exactitude, qu'il n'y en a, dans les choses qu'il a données au public. Il y a vn Liure de luy qui traitte des bastimens des particuliers, à commencer depuis la Cabane du Berger, iusqu'aux Palais des Roys, lequel n'a iamais esté imprimé, quoy qu'il pût estre de quelque vtilité.

[b] Le Liure de Palladio est admirable en toutes ses parties, & principalement pour les desseins exacts qu'il nous a donnez de la plusparts des bastimens antiques, & pour ses ordres d'Architecture qui sont d'vn goust exquis. Il a esté parfaitement bien traduit par M. de Chambray, qui a mesme eu le soin de faire rechercher en Italie les planches originales de l'Autheur, desquelles il s'est seruy dans sa version. M. le Miiet en a fait vn petit Abregé qui n'est pas inutile aux Ouuriers. Cet Architecte peut passer pour le premier entre les modernes.

[c] Il y a beaucoup à apprendre dans le Liure de Cataneo, particulierement pour ce qui regarde la solidité, & pour plusieurs belles remarques qu'il a faites qui seruent à la beauté de la disposition des bastimens ; Les regles neantmoins qu'il donne pour ses ordres d'Architecture ne doiuent point estre suiuies, n'estant pas de bon goust.

Valderunus, de Architectura, traduit en Latin par Æsculanus, ie ne sçay si elle est imprimée, parce que ie ne l'ay veuë que manuscrite.

L'Architecture de Vignole [a] Italienne & Françoise.

Libro d'Antonio Labaco [b] appartenente à l'*Architectura*.

L'Idea d'ella Architectura vniuersali di Vincenzo Scamozzi [c] *Architecto Veneto*.

a Le Liure de Vignole est le premier que les Estudians en Architecture doiuent lire, & passer ensuitte à la lecture de ceux de Palladio & de Scamozzi ; Il est aussi le plus connu de tous par les Ouuriers, à cause de la facilité de la pratique à laquelle il a reduit les ordres d'Architecture. Il a choisi les plus beaux morceaux de l'antique pour en faire les exemples de ses ordres ; Et quoy qu'il en ait assez alteré les veritables proportions pour les faire entrer dans celles de ses regles generales, ils ne laissent pas de faire vn bon effet dans cette maniere. Il a esté traduit & reduit en petit volume par Mr le Müet ; & le Sr Iollain a depuis peu donné vne traduction plus Françoise que la premiere.

b Le Liure de Labaco ne contient que quelques desseins des plus beaux bastimens de l'antique fort corrects & bien dessinez, qui donnent vne grande idée de l'Architecture.

c Scamozzi qui tient le second lieu entre les Architectes modernes, auoit fait en Italien vn ouurage complet d'Architecture diuisé en dix Liures, dont nous n'auons que six, le quatriéme, le cinquiéme, le neufiéme & le dixiéme n'ayant point esté imprimez. Il y a ramassé tout ce qui s'estoit dit de cette matiere auant luy, & il y a ajoûté vne

Lettioni di Benedetto Varchi intorno al l'Architettura, pittura, & scoltura.

Dispareri in materia d'Architettura & Perspettiua di Martino Bassi.

Trattato del l'arte della pittura, scoltura, & Architettura di Paolo Lomazo.

Vitte de Pittori, Architetti, & Scultori décrite par Georg. Vasari Aretino.

Diego Sacredo [a] des cinq ordres de infinité de belles remarques du sien ; Il est plein de raisonnemens fort iustes, & les proportions qu'il donne en general sont excellentes, quoy que dans le détail de ses ordres il y ait vn peu de confusion. Ce qu'il a de meilleur est dans le troisiéme & dans le sixiéme Liure, le reste est trop prolixe & ennuyeux. Il se sert d'vne maniere extraordinaire pour les mesures des moulures de ses ordres, laquelle est tellement embarassée & embroüillée, qu'il est impossible de s'en seruir ; Et il a falu s'appliquer auec assez de trauail pour les déchiffrer & les reduire aux parties du module, comme l'on a fait dans le traité d'Architecture qui s'enseigne dans l'Acadamie que le Roy a establie pour cét effet. L'on a imprimé le sixiéme Liure de Scamozzi à part, & l'on trauaille à la traduction du tout.

[a] Quoy que le Liure de Diego Sagredo, que les Ouuriers connoissent sous le nom de Tampeso, soit extraordinairement barbare & plein de ce vilain goust Gothique, qui regnoit au temps qu'il a escrit, il y a neantmoins quelque chose de curieux à apprendre touchant l'origine des moulures d'Architecture.

colonnes tant en Espagnol qu'en François.

Figuræ quædam monstrantes modum ædificandi Antuerp. in fol.

Ioannis Blum descriptio 5. columnarum.

Vvendel Dietrelin Architectura per 5. columnas.

Ioannes Paulus Galucius de fabrica.

L'Architecture de Iean & Paul Vredeman Latine & Françoise.

L'Architecture de Philibert [a] de Lorme.

Les nouuelles inuentions de bien bastir & à petits frais, du mesme Autheur.

Ioann-Henrici Alstedij [b] *Methodus*

[a] Il y a bien du bon dans le Liure de Philibert de Lorme, particulierement lors qu'il parle du trait pour la coupe des pierres, & de sa nouuelle maniere de bastir à peu de frais. Il a tâché de suiure les regles de Vitruue dans ses ordres, quoy qu'il n'ait pas pû s'empescher d'y mesler du Gothique; & s'il n'estoit pas si confus dans les remarques qu'il a faites sur les bastimens antiques, il pourroit passer pour vn Autheur de la seconde Classe entre les Architectes modernes, & d'vne force égale à celle de Serlio.

[b] Alstedius a composé vn petit Liure de ce qu'il sçauoit de toutes les parties des Mathematiques, dans lequel il parle en discours fort vaste des preceptes generaux de l'Architecture.

admirandorum Mathematicorum.

Toutes les œuures de Du Cerceau *a* qui contiennent diuers traitez, comme, Les plus excellens baſtimens de France en deux tomes: Diuers baſtimens pour toutes ſortes de perſonnes, & diuerſitez de ſituations de lieux. Petit traité des cinq ordres de colonnes, Latin & François : Les Temples, & les Antiquitez.

Les Thermes de Sambin & Boillot.

Bullan *b* des cinq ordres de colon-

a Nous auons beaucoup d'obligation à Iean Androüet du Cerceau, de ce qu'il a pris ſoin de nous laiſſer quantité de ſes deſſeins de baſtimens antiques, modernes, & de ſes inuentions ; Il eſt bon que ceux qui ſe ſont déja formé le gouſt dans la bonne Architecture le liſent, mais ſes manieres Gothiques & groteſques peuuent laiſſer des impreſſions dangereuſes ſur l'eſprit de ceux qui commencent à s'appliquer à cét Art.

b Iean Bullan nous a fait vn Liure de ſes ordres d'Architecture, qu'il a tâché d'ajuſter à la doctrine de Vitruue, & il peut paſſer pour vn de ſes meilleurs Sectateurs. Il a fait quantité de baſtimens dans leſquels il y a quelque choſe de grand, & c'eſt dommage qu'ils ſoient meſlez de mille ornemens Gothiques qui les défigurent.

Outre les Liures d'Architecture que cét Autheur a nomnes, reueu par le Sieur de Brosse Architecte du Roy.

La maniere de bien bastir pour toutes sortes de personnes, par le Sieur le Muet Architecte du Roy.

Pour les basse-courts, outre vne bonne partie des precedents Autmez, nous en auons encore vn Italien appellé *Viola Zanini*, grand diseur de rien, qui a neantmoins donné des regles pour les ordres d'Architecture assez correctes, & dont on se peut seruir vtilement. Ceux qui pourront auoir la patience de le lire, y trouueront plusieurs bonnes choses éparses çà & là dans son Liure.

Ie ne dois pas obmettre la belle maniere que Monsieur Dezargues auoit trouuée pour oster les ressauts dans les appuis des escaliers, laquelle est expliquée dans le Liure d'Architecture du Sieur Bosse. Ny le Liure tres-sçauant des Paralelles de l'Architecture de Monsieur de Chambray, que ie ne sçaurois assez loüer, & qui est remply de mille remarques doctes & iudicieuses; Il a comparé les manieres des principaux Architectes modernes l'vne à l'autre, dont il a fait diuerses Classes; Et ce qui est le plus à estimer, c'est qu'il a reduit toutes leurs façons de mesurer, dont la difference est tres-embarassante, à la seule diuision du module en trente parties; Ie ne sçay point de trauail plus vtile aux Architectes que celuy-là.

L'on vient presentement d'acheuer, à l'Imprimerie Royale du Louure, l'impression d'vn Liure que i'ay composé de la Solution des quatre principaux Problémes d'Architecture; Et c'est par là que ie mets fin à ces Notes, ne voulant pas m'engager à raisonner sur les Liures dont cét Autheur parle, & qui ont traité d'vne autre matiere que de l'Architecture, pour ne pas grossir inutilement celuy-cy.

theurs ceux qui ont escrit de la chose & maison rustique, comme en Latin Cato, Varro, Columella, Palladius, Constantinus Cesar, Baptista Porta, Heresbachius, & Petrus Crescentiensis.

Alfonso Herrera della Agricoltura.

Pierre de Croiscens, autrement, Le bon mesnager.

L'Agriculture de Charles Estienne, & Iean Liebault.

Le Theatre d'Agriculture d'Oliuier de Serres.

Pour les cheminées, outre beaucoup des Autheurs susdits, & particulierement ce qu'en a escrit Philibert de Lorme au neufiesme liure de son Architecture. Le liure de M. Iean Bernard intitulé, Sauuegarde pour ceux qui craignent la fumée, & *Paduanus de ventis.*

Pour les sources & fontaines, outre quelques-vns des Autheurs cy-deuant alleguez, comme Serlio & le Theatre d'Agriculture.

Le liure de Bernard Palissy intitulé, Discours admirables de la nature des eaux & fontaines, &c.

L'art & science de trouuer les eaux & fontaines cachées sous terre, par Iacques Besson.

Pour les machines seruant aux eaux, outre vne partie des Autheurs cy deuant citez.

Guidi Vbaldi Mechanica.

Cardanus de proportionibus.

Steuinus de hydrostaticis.

Georgius Pachimerius, Picolomineus, Monantholius & Blancanus in Mechanica Aristotelis.

Spiritalia Heronis.

L'organo hydraulico descritto da Herone, dichiarato & esperimentato da Fabio Colonna Linceo, cauato del suo Herone reformato.

Giusepe

FRANÇOISE. 353

Giusepe Ceredi di alzar aque da luoghi bassi.

Georgius Agricola de re metallicâ.

Les diuerses machines du Capitaine Augustin Ramelli.

Nouo theatro di Vittorio Zonca.

Pneumatica Ioannis Baptistæ Portæ.

Les desseins artificiaux de Strada.

Le Theatre de Besson.

Le Gouuernail d'Antoine Bachot.

Les forces mouuantes de Salomon de Caux.

Pour l'Echo artificiel *Blancani Echometria*, laquelle se trouue sur la fin d'vn liure qu'il a intitulé *Sphera mundi*.

Et pour le toisé cinq traittez parmy vn grand nombre d'autres, où l'vn d'iceux, sçauoir, *Clauij Geometria practica*, *Arithmetica & Geometria practica Metij*. La practique de Geometrie de Marolois, & celle

Z

L'ARCHITECTVRE de Erard, & l'Arithmetique, Arpentage vniuersel, Geometrie inaccessible, toisé des bastimens, &c. par Iean Abraham, dit Launay.

FIN.

MEMOIRE
POVR SERVIR
D'ESCLAIRCISSEMENT

A CERTAINS ARTICLES de la Couſtume de Paris, au titre des Seruitudes, afin d'éuiter les conteſtations & difficultez qui arriuent tous les iours entre particuliers ſur ce ſujet.

PRemierement eſt à obſeruer, que par l'article 191. de la Couſtume, *Il eſt dit*, Qui veut faire aiſances de priué, ou puis contre vn mur moitoyen, doit faire contremur d'vn pied d'épaiſſeur; Et où il y a de chacun coſté puis, ou bien puis d'vn coſté & aiſance de l'autre, il ſuffit qu'il ait quatre pieds de maçonnerie d'épaiſſeur entre deux, comprenant les épaisseurs des murs d'vne part & d'autre ; Mais entre deux puis suffisent trois pieds pour le moins ; Ce sont les termes dudit article qui semblent auoir esté iuridiquement establis pour la conseruation des murs moitoyens & des puis ; Cependant l'experience dans ces sortes d'affaires apprend qu'il est necessaire pour plus d'vtilité & conseruation des heritages, de faire ce qui se pratique souuent ; sçauoir qu'au rets de chaussée de toutes maisons l'on peut se défendre d'obseruer vn contre-mur au derriere d'vn thuiau d'aisance, qui doit estre esleué le long d'vn mur moitoyen, en laissant vn vuide de deux à trois poulces entre ledit mur moitoyen, & les boisseaux de poterie ou plomb qui forment ledit thuiau, en recouurant de plastre lesdits boisseaux ou thuiaux de plomb, en telle sorte qu'il reste toûjours les deux à trois poulces de vuide, comme dit est ; & par ce moyen celuy qui erigera ledit thuiau d'aisance auec vuide par derriere (ce qu'on appelle isoler) gagnera de la place chez luy-mesme, & dans son heritage, & ne fera aucun tort à son voisin, ny audit mur moitoyen ; En obseruant neantmoins le pied de contre-mur porté par ledit article dans ladite fosse, depuis le bon & vif fonds, iusqu'audit rets de chaussée seulement ; Et à l'égard des puis & aisances, quand il se rencontre aisance d'vn costé & puis d'vn autre, où ledit article dit, qu'il suffit d'y auoir quatre pieds d'épaisseur de maçonnerie entre-deux, compris les épaisseurs des murs de part & d'autre, la scituation & inspection des lieux fait bien souuent connoistre du contraire ; C'est à dire que les quatre pieds d'épaisseur ne suffisent pas, puis qu'vn puis se trouue gasté & infecté par les matieres & vrines qui passent au trauers desdits murs, ou par les veines qui sont en terre au fond de ladite fosse, & entrent dans les puis & caues des voisins. Pour à quoy remedier, & aux procez qui en naissent & qui exigent des descentes des Iuges & des visites d'Experts : Il faut ajoûter audit article, qu'en toutes fosses d'aisances qui feront à ladite distance des puis, lesdits murs seront bastis auec moilon piqué en bonne liaison les vns sur les autres, & iceux maçonnez auec mortier de chaux & ciment, & que le fonds de la fosse sera glezé de six poulces d'épaisseur auec bon conroy, & paué de grais pardessus assis à chaux & ciment, le tout en pante du costé où il n'y aura pas de puis aux autres maisons voisines, & que le tout soit si bien fait, que le puis de l'autre voisin, soit moitoyen, soit à luy seul, n'en puisse souffrir.

Item, l'article 199. de la Coustume dit, qu'en mur moitoyen ne peut l'vn des voisins, sans le consentement de l'autre, faire faire fenestres ou trous pour veuë, en quelque maniere que ce soit à verre dormant ou autrement. *Et par l'article suiuant, qui est le 200. de ladite Coustume, Il est dit, Toutesfois, si aucun à mur à luy seul appartenant, joignant sans moyen à l'heritage d'autruy, il peut en iceluy mur faire fenestres, lumieres ou veuës aux Vz & Coustume de Paris, c'est à sçauoir de neuf pieds de haut du dessus du rets de chaussée de terre, quant au premier estage, & quant aux autres estages de sept pieds au dessus du rets de chaussée, le tout à fer maillé & verre dormant.*

Ces deux articles semblent auoir relation & connexité l'vn auec l'autre par le mot de (Toutesfois) *qui est le premier mot dudit article 200. Cependant il est vray de dire que cela n'est pas ainsi, parce que le mur mentionné en l'article 199. est moitoyen, auquel on ne peut faire aucune veuë; & celuy contenu audit article 200. est vn mur appartenant seul*

Z iiij

à un particulier, joignant sans moyen à l'heritage d'autruy, auquel, selon la teneur dudit article, on peut faire veuës & lumieres, comme il est enoncé par ledit article.

Pour l'intelligence de ces deux articles, il faut expliquer ce que c'est que mur moitoyen, de combien d'especes il y en a, & quels sont les murs joignants sans moyen à l'heritage d'autruy, & si les veuës pretenduës par ledit article 200. pouuoir estre faites, appartiendront incommutablement à celuy qui les auroit faites & erigées, ou s'il en peut estre priué.

Tous les murs qui sont moitoyens sont supposé auoir esté bâtis sur terres moitoyennes, ou du moins remboursement auoir esté fait par l'un des voisins qui auroit pû auancer les frais des constructions de murs, & la moitié du fonds de terre qui auroit esté tout pris sur l'heritage de l'autre, & sont lesdits murs de plusieurs especes ; sçauoir, il y en a qui separent courts, jardins, & marais éleuez également, où l'on ne peut faire veües sans le consentement l'vn de l'autre ; D'autres qui seruent à porter bâtimens de l'vn & l'autre voisin éleuez aussi également, mais ausquels il se rencontre assez souuent des interuales en la longueur d'iceux où l'vn des voisins n'a point de bâtiment, & partant ne luy sert pour lors que de closture, où il semble que l'autre voisin qui a bâtiment contre, puisse tirer des iours & fenestres à hauteur de coustume ; neantmoins ayant esté contribué également par les deux voisins à la hauteur desdits murs, on ne peut, ainsi que ledit article 199. faire aucunes veües en ces sortes de murs sans le consentement du voisin à qui le mur ne sert que de closture ; Et c'est en cét endroit & en ce sens qu'il faut conceuoir ledit article.

Mais audessus desdits murs moitoyens,

il est loisible de hausser par les Proprietaires des heritages si haut que bon semble à celuy qui veut faire ledit rehaussement à ses dépens, en payant les charges, selon qu'il est dit par l'article 195. de ladite Coustume. De sorte que ces sortes de murs appartiennent seuls à celuy qui les a fait faire à ses dépens, & dont mesme il a payé lesdites charges : Cela est sans contredit ; Et l'on peut établir que dans ces sortes de murs celuy qui les a faits peut eriger des veües à hauteur de Coustume à fer maillé & verre dormant, & les conseruer iusqu'à ce que son voisin veüille bâtir & éleuer contre, le remboursement de la moitié desdits murs préalablement fait au desir de l'article 198. de ladite Coustume, & charges renduës. Ce reglement fait fera éuiter des procez qui naissent tous les iours entre particuliers qui les entreprennent sans connoissance de cause, estimans les vns les maintenir par l'authorité & credit qu'ils ont, & les autres en veuë de ce qu'ayant fait lesdits murs à leurs dépens, ils ont droit, disent-ils, de ce faire; Cependant la Coûtume n'a pas dit un seul mot de ces sortes de veües dans tout le titre des seruitudes ; Et d'autant plus iceluy Reglement doit-il estre fait, qu'icelles veües qui ne nuisent point à celuy qui ne les veut souffrir, & qui seruent beaucoup à celuy qui les erige, ne luy sont propres qu'autant que son voisin ne luy fasse pas le remboursement dudit mur, & n'éleue pas contre.

Quant aux murs ioignants sans moyen à l'heritage d'autruy, dont parle ledit article 200. dans lesquels iceluy article permet de faire veües selon qu'elles y sont exprimées ; Il faut les conceuoir selon la lettre des murs bâtis sur terre particuliere ioignant celle de son voisin, ausquels ledit voisin n'a contribué ny au fonds de terre, ny à la construction d'iceux ; mais pour ce il ne s'ensuit pas qu'on puisse eriger des veües, & auoir des lumieres sur l'heritage d'autruy qui puissent estre reputées en proprieté incommutable à celuy qui les a faites, comme droit acquis ; parce que si le voisin veut s'adosser contre ces sortes de murs, il luy est loisible, selon qu'il est exprimé par l'article 194. qui dit en termes exprés, Si aucun veut bâtir contre vn mur non moitoyen, faire le peut, en payant moitié tant dudit mur, que fondation d'iceluy iusqu'à son heberge, y compris la valeur de la terre sur laquelle ledit mur est fondé & assis ; & ainsi les veües qu'on auroit à neuf pieds de haut du rets de chauffée du premier estage, & celles de sept pieds aux estages au dessus, se trouueroient bouchées apres ledit remboursement fait, & adossement contre lesdits murs ; Et partant iceux murs ioignants sans moyen, deuiennent moitoyens, & par consequent plus de veües en iceux.

Qu'entendra-t-on de ces murs pour les

faire subsister, ioignants sans moyen & auec veües, selon ledit article ? Il faut dire & statuer que cét article ne se peut soûtenir pour des maisons particulieres, parce que deux voisins, quoy que de condition inégale, ont la mesme faculté de ce faire ; à moins qu'vn pere de famille mit vn bien hors de ses mains tenant à l'autre, où il declarast que le mur où il y auroit des veües demeurast propre à celuy qu'il nommeroit, ou que les veües qui y seroient, ou qu'il pouroit establir aux termes dudit article 200. demeureroient propres à celuy qui auroit ledit bien ; Ainsi ces sortes de murs ne peuuent auoir leur effect que pour les Eglises, Conuents & Communautez, encore est-il necessaire de le dire & ordonner pour l'auenir, parce qu'autrement tous particuliers pouroient pretendre, selon ledit article 194. de ladite Coustume, de s'adosser contre iceux, en remboursant moitié du fonds de terre sur laquelle ils auroient esté construits, & moitié desdits murs à la hauteur qu'ils s'hebergeroient.

Item, par l'article 202. de ladite Coustume est dit, Qu'aucun ne peut faire veuës droites sur son voisin, ny sur places à luy appartenantes, s'il n'y a six pieds de distance entre ladite veuë & l'heritage du voisin, & ne peut auoir bées de costé, s'il n'y a deux pieds de distance. Ledit article n'ayant point dit precisément, s'il faloit prendre ladite distance du point milieu du mur moitoyen separant les heritages de deux voisins, ou du deuant du mur de celuy qui veut eriger lesdites veües, Cela cause iournellement des contestations entre les particuliers, lesquelles sont souuent fomentées, ou par le caprice de certains Experts qui songent plûtost à appuyer le sentiment de ceux qui les nomment, qu'à rapporter la verité aux Iuges ausquels ils adressent leur rapport, ou quelquefois par l'ignorance de ceux qui sont peu versez dans ces sortes d'affaires, & qui ne laissent pas d'auancer des propositions qu'ils ne conçoiuent pas eux-mesmes. Cependant cela nourrit les procez, on fait des visites & des descentes qui ne terminent rien; & apres que les parties ont consumé tout leur temps & tous leurs biens en procedures & en chicane, on cherche à s'accommoder, ou bien l'on a recours à l'authorité des Iuges pour connoistre sur le lieu l'estat des choses, & transiger sur ce qu'ils en ordonnent : Or, pour éuiter tous ces desordres, on peut ordonner que les deuants des veües qui seront erigées sur l'heritage d'autruy, ou en vn mur, ou en vn pan de bois, seront à distance (pour les veües droites) de six pieds du point milieu du mur moitoyen separant le voisin, de telle espaisseur qu'il puisse estre ; & pour ses veuës de costé à deux pieds de distance aussi dudit point milieu du mur moitoyen : Ainsi le point milieu doit faire la decision de cette question, & regler à l'auenir ces sortes de contestations.

Il arriue encore assez souuent contestation entre des voisins, proprietaires d'heritages, pour raison des poutres qui passent le point milieu des murs où elles sont posées, à cause que l'article 208. de la Coustume dit precisément, Qu'aucun ne peut percer le mur moitoyen d'entre luy & son voisin, pour y mettre & loger les poutres de sa maison que iusqu'à l'épaisseur de la moitié dudit mur & au point milieu, & en mettant ou faisant mettre iambes, chaînes & corbeaux, comme dessus ; Ce sont les termes dudit article relatifs à l'article precedent : Pour éuiter ces contestations, & mesme pour plus d'vtilité aux particuliers qui se trouueront dans ce cas, il faut expliquer par ledit article 208. que si deux voisins proprietaires

proprietaires ont des poutres à leurs maisons qui se rencontrent iustement opposées l'vne à l'autre, les bouts desdites poutres n'excederont point le point milieu dudit mur, mais en ce cas seulement. Et arriuant que lesdites poutres ne se rencontrassent pas opposées, mais à costé l'vne de l'autre de quelque distance qu'elles fussent, qu'alors lesdits proprietaires ne formeront aucune contestation quand les poutres excederont le point milieu dudit mur, & qu'elles seront posées iusqu'à deux poulces prés de l'épaisseur entiere desdits murs, parce qu'elles feront plus de liaison aux murs, & entretiendront iceux auec plus de solidité qu'autrement, & qu'il y aura encore place, (les deux poulces estant obseruez) pour le recouurement d'icelles du costé du voisin. Et pour plus d'éclairsissement audit article, on peut (en faisant iambes de pierre sous poutre portants le parpain & épaisseur entiere dudit mur) retrancher les corbeaux mentionnez par iceluy qui ne seruent rien, quand lesdites iambes sont bien faites, mais plûtost à nuire en dedans œuure, lesquelles aussi ne se font que pour maintenir des poutres qui se trouuent défectueuses dans leur portée, ou trop courtes au moyen du deuersement des murs.

Il semble, selon qu'il est exprimé par l'article 206. de la Coustume, Qu'il soit permis à vn voisin, proprietaire de maison, de mettre & loger toutes les soliues de sa maison dans le mur d'entre luy & son voisin, n'ayant enoncé quelles soliues: Ce qui cause iournellement dissention entre les proprietaires d'heritages, en ce que bien souuent, soit Maistres Charpentiers ou Compagnons, ou tels autres personnes qui entreprennent & font bâtiment, & qui ne voyent rien de reserué par ledit article, mettent toutes les soliues de chacun plancher d'vne maison dans lesdits murs;

Cependant cela ne se doit, en ce qu'vn mur se trouue coupé à chacun estage de ladite maison, ce qui est fort vicieux, & qui fait perir les murs bien plûtost qu'ils ne feroient, si les tranchées n'estoient point faites en iceluy ; Dans lequel defaut ne tombent point ceux qui sçauent bien bâtir, quelque lieu qu'il y ait de loger lesdites soliues dans lesdits murs, mais seulement les soliues d'encheuestrures ; & pour les autres, ils les font porter sur des sablieres le long desdits murs par dedans œuure de chacune desdites maisons, & c'est ce qu'il faut absolument faire & mesme regler par ledit article de la Coustume, & dire qu'il n'y aura que les soliues d'encheuestrures des maisons qui pourront estre mises & logées dans lesdits murs, & les autres soliues sur sablieres qui seront portées sur bons corbeaux de fer, suffisants pour le soûtien desdites sablieres & soliues, selon la grosseur qu'elles seront en œuure ; &

A a ij

par ce moyen il n'y aura point de dif-
ferend.

Il semble que suiuant le mesme arti-
cle 195. de ladite Couſtume, il ſoit per-
mis à tous particuliers qui ont deſſein
d'éleuer leur bâtiment, de hauſſer ſur
le mur moitoyen d'entre luy & ſon
voiſin ſi haut que bon luy ſemble,
ſans le conſentement de ſondit voiſin, en le faiſant à ſes dépens, s'il
n'y a titre au contraire, & en luy
payant les charges, le mur eſtant
ſuffiſant, &c.

Cependant il eſt vray de dire que
cette liberté eſt tres-nuiſible à l'heritage
voiſin qui ſe trouue enfermé, le plus
ſouuent deſtitué de iour & de Soleil
chez luy au moyen dudit rehauſſement;
& par conſequent ſon heritage amoin-
dry conſiderablement de ſa premier va-
leur, ſoit lors qu'il l'a eu en partage auec
ſes coheritiers, ſoit qu'il l'euſt acquis,
meſme diminution des loyers ; ainſi cela

passe du pere aux enfans, sans qu'on y puisse remedier ce semble : Cependant pour obuier à ces fâcheux rencontres, sans toutefois détruire entierement cette liberté establie par ledit article, on pouroit regler & moderer ces rehaussemens, en disant que celuy qui voudroit rehausser son heritage le pouroit faire, en sorte neantmoins qu'il n'obscurcist pas notablement l'heritage de son voisin, & qu'il ne luy ostast pas la lumiere necessaire pour la conseruation de la valeur de son heritage : Le droit Romain est formel à ce sentiment, & il nous apprend qu'vn particulier ne doit pas auoir la liberté d'éleuer son mur, pour obscurcir notablement l'heritage de son voisin. Et c'est sur ce fondement qu'en l'année 1559. Arrest fut rendu, par lequel il fut ordonné, au profit du nommé le Gros, que le mur moitoyen d'entre luy & son voisin seroit abaissé.

ESTAT DE CE QVE contiennent la thoise, le pied, & le poulce.

PRemierement la thoise contient six pieds.

Le pied contient 12. poulces.

Et le poulce contient 12. lignes.

Thoise quarée ou en superficie contient 36. pieds quarez.

Le pied quaré ou en superficie contient 144. poulces quarez.

Le poulce quaré ou en superficie contient 144. lignes quarées.

La thoise cube contient 216. pieds cubes.

Le pied cube contient 864. poulces cubes.

Et le poulce cube contient 864. lignes cubes.

Evaluation & declaration des thoises, pieds, poulces, & lignes en superficie.

Premierement thoise courante sur thoise, vient thoise quarée au produit de la multiplication.

Thoise courante sur pied vient pied, dit vulgairement pied de thoise, six desquels font vne thoise quarée, & chacun d'iceux pieds vaut six pieds quarez.

Thoise courante sur poulce vient poulce, chacun desquels vaut demy pied quaré ou septante deux poulces.

Thoise courante sur ligne vaut six poulces quarez.

Thoise courante sur demy ligne vaut trois poulces quarez.

Thoise courante sur vn quart de ligne vaut vn demy poulce quaré.

Pied courant sur pied vient pied quaré, desquels il faut trente-six pour la thoise quarée.

Pied courant sur poulce vient poulce, dont il faut douze pour vn pied quaré, & chacun d'iceux poulces vaut douze poulces quarez.

Pied sur ligne fait vn poulce quaré.

Pied sur demy ligne, fait demy poulce quaré.

Et pied sur vn quart de ligne fait vn quart de poulce quaré.

Poulce courant sur poulce vient poulce quaré simplement, desquels il faut cent quarante-quatre pour vn pied quaré.

Poulce courant sur ligne vient ligne simplement, dont il faut cent quarante-quatre pour vn poulce quaré.

Thoise courante sur demy poulce fait quart de pied quaré, & chacun d'iceux quarts de pied vaut 36. pieds quarez.

Thoise courante sur quart de poulce fait demy quart de pied quaré, ou vn huitiéme de pied quaré qui vaut dix-huit poulces quarez.

Pied courant sur demy poulce, vient autant de fois six poulces quarez.

FRANÇOISE. 377

Poulce sur demy poulce, vient demy poulce quaré.

Et demy poulce sur demy poulce vient quart de poulce quaré.

Pour reduire tout le bois de Charpenterie à la piece, il n'y a qu'à sçauoir que chacune piece de bois contient en soy 5184. poulces cubes ; Et pour le sçauoir, il n'y a qu'à multiplier la grosseur & la largeur d'vne piece l'vne par l'autre qui fera vn produit, lequel produit se multipliera par la longueur de la piece, & l'on trouuera cette verité.

Exemple. Vn morceau de bois qui aura six poulces de gros, & douze poulces de large, il n'y a qu'à multiplier six poulces par douze, il se trouuera soixante-douze poulces, lesquels 72. poulces multipliez par la longueur de la piece de bois qui aura six pieds, lesquels font 72. poulces, il se trouuera 5184. poulces.

Et par cette regle toutes sortes de pieces de bois, de quelques longueurs, grosseurs & largeurs qu'elles se trouuent, doiuent estre ainsi reduites.

Pour le thoisé de la Maçonnerie, selon les Vz & Coustume de Paris.

1. Premierement tous les murs, soit de pierre de taille ou moilon, se thoisent thoise pour thoisé, de quelques espoisseurs qu'ils soient, & l'on ne rabat aucun vuide pour les croisées, ny mesme pour les portes cocheres qui peuuent estre erigées en iceux, quand il y a vn seüil de pierre à chacune d'icelle; que s'il n'y en a point, l'on rabat la moitié du contenu desdites portes cocheres, & les tranchées & rigoles ne se thoisent point, mais ne se payent pas moins, parce qu'vn Entrepreneur fait son calcul sur la dépense qu'il doit faire.

S'il y a des saillies & auant-corps, arriere-corps, retables, refands, appuis, entablemens & plintes, ils se thoisent outre le corps desdits murs, & chacun membre d'Architecture se thoise pour vn pied de haut, estant couronné de son filet sur la longueur ou pourtour d'iceux, les modillons ou denticules pour deux pieds chacun sur leur longueur, & les refends pour vn pied sur leur pourtour, soit de pierre ou de plâtre ; le prix estant differend de l'vn à l'autre, mais le thoisé est égal.

2. Les lucarnes au dessus desdits murs se thoisent par leur hauteur & largeur, & l'on adjoûte à leur largeur vne des joüées à chacune d'icelles.

Puis on conte les saillies d'icelles outre le corps de leurs murs, & ce comme dessus est dit.

S'il se trouue des ornemens figures ou ou armes esdits murs, cela ne se thoise point, mais on les estime ; le mesme se fait des colones ou pilastres, s'il n'est dit autrement par vn deuis bien eſtably.

Tous les thuiaux & manteaux de cheminée, ſoit de pierre de taille, brique ou plâtre, ſe thoiſent pour mur, & l'on thoiſe pour leſdits thuiaux leur hauteur par leur pourtour, en rabatant les eſpoiſſeurs des languetes; & pour les manteaux, on thoiſe depuis le deſſous des ſoliues d'vn plancher, iuſques ſur le plancher immediatement au deſſus, & ce ſur leur pourtour pris au nud du corps deſdits manteaux par le milieu d'iceux reduit, ſans faire aucun rabat de vuide dudit manteau.

Et outre on thoiſe les ſaillies & moulures qui ſont eſdits thuiaux & manteaux, ainſi que dit eſt des ſaillies cy-deſſus, & ce, thoiſe pour thoiſe.

Comme auſſi l'on thoiſe les âtres de cheminées faits de grand quareau pour vn tiers de thoiſe à chacune cheminée, & ſes contre-cœurs par leurs hauteurs

& largeurs, & du produit l'on n'en prend que la moitié, à cause qu'il faut de ces sortes d'ouurages deux thoises pour vne, si ce n'est qu'ils fussent de brique; auquel cas ce seroit thoise pour thoise, s'il n'estoit stipulé autrement.

Les lambris & plat-fonds estants à latte jointiue, vont thoise pour thoise.

Les recouuremens de poutres & sablieres, il faut trois thoises pour vne, & ainsi des plats-fonds qui ne sont à latte jointiue.

a Les planchers quarelez, soit de grand ou petit quareau, vont thoise pour thoise, & s'il y a recouurement sous iceux pour mur vn tiers.

Les planchers & aires simples, mesme les scellemens de lambourdes, il faut deux thoises pour vne, & conuient rabatre les âtres de cheminées à chacun d'iceux, mesme les thuiaux passants en iceux, & toute autre chose qui s'y pouroit rencontrer, soit passages d'escaliers ou enclaues. Et les aires de liais, sous lesquels sont des aires de plâtre, valent vne thoise & demy de mur ; Cependant il est vray de dire que selon le prix ils ne vaudroient qu'vne thoise.

b Les pans de bois simples se thoisent par leur hauteur & largeur, & l'on rabat toutes les bées & portes, mesme les espaisseurs des sablieres qui sont en iceux ; & il faut deux toises de cet ouurage pour en produire vne.

Ceux qui sont couuerts d'vn costé, & les tableaux des croisées & portes recouuerts, vont à trois quarts de thoise pour vne, & l'on doit rabattre la moitié des bées.

Et ceux qui sont couuerts des deux costez par tout, vont thoise pour thoise sans aucun rabat.

Les saillies qui se trouuent à iceux se thoisent comme celles de dessus les murs de face, outre le corps desdits pans de bois.

c Pour les cloisons simples, il faut deux thoises pour vne, & il faut rabattre les hauteurs des sablieres & bées des portes.

Les cloisons couuertes d'vn costé vont aux trois quarts, & l'on doit rabattre la moitié des bées.

Celles couuertes des deux costez vont à murs, c'est à dire thoise pour thoise.

Les redressemens de planchers pour estre remis de niueau, il faut trois thoises pour vne.

Comme aussi des renformis aux vieils murs, il faut trois thoises pour vne.

Les enduits sur vieils murs, il n'en faut que quatre thoises pour en produire vne, bien que l'article 219. de la Coûtume dise qu'il en faut six, & ce à cause qu'en vieils murs il y a beaucoup d'espaisseur à certains endroits desdits murs qu'il faut hacher & rétablir ; Et cet article ne doit estre entendu que sur des murs bien crespis où il n'y a qu'vn simple enduit à faire ; alors il faut, ainsi que le dit la Couſtume ſix thoiſes pour vne.

Les ſollins au deſſus des poutres & ſablieres, il en faut quatre pour produire vn pied, & cent quarante-quatre pour faire vne thoiſe.

Les ſcellemens de bareaux de fer dans la pierre de taille vont pour vn pied chacun, eſtant ſcellez par les deux bouts, & dans la maçonnerie pour demy pied ſeulement.

Comme auſſi vn pied pour chacun ſcellement de corbeau, gonds & gaches.

Pour chacun ſcellement de poutres par les deux bouts, demy thoiſe, c'eſt à dire neuf pieds pour chacun.

Et pour le ſcellement des croiſées, on ne compte rien dans vn mur neuf; mais ſi cela ſe fait apres coup par quelque changement, ayant eſté vne fois ſcellées, ou qu'elles ſe ſcellent en vieils murs, il appartient ſix pieds pour chacune.

Les thuiaux d'aizance de poterie ſe
thoiſent

thoisent par leur hauteur sur six pieds de pourtour, & vont pour thoise.

S'il n'y a point de poterie, lesdits thuiaux ne vont qu'à trois pieds de pourtour.

Chacun siege se compte pour douze pieds.

Les ventouses pour vn pied & demy sur leur hauteur.

Les contre-murs au derriere desdits thuiaux, & iusques dans les fosses & caues, vont thoise pour thoise.

Les marches, coquilles, & palliers des escalliers, se ceignent par le milieu desdites marches; & ce qui se rencontre de pourtour se multiplie par la longueur d'vne marche, laquelle longueur doit estre le tiers de la marche d'angle de la demy à l'angle, de la quarée, & vont thoise pour thoise.

Les tranchées se thoisent, outre la longueur des marches, pour demy pied courant, ou on l'ajoûte à la longueur.

Bb

Le quareau au dessus desdites marches, il faut deux thoises pour une, & le bois desdites marches n'y doit estre compris.

Les saillies qui se trouuent és marches de pierre de taille desdits escaliers, vont pour un pied quand le membre est couronné sur leur longueur, & s'éualuent outre le corps desdites marches.

Les murs d'échif sous les patins des escaliers vont thoise pour thoise ; & l'on doit ajoûter une face entiere sur sa longueur, quand les deux faces paroissent.

Les marches des descentes droites & potoyers, se thoisent de la mesme façon que celles des escalliers, & les petits murs au dessous aussi thoise pour thoise.

Les voûtes ou trompillons sous les marches droites, se thoisent pour murs sans reins, & ce sur leur pourtour & longueur.

Les voûtes de caues en berceau, & celle des fosses d'aisances qui sont en plein ceintre, se thoisent par leur longueur sur leur pourtour, lequel pourtour se prend du dessus des retombées par une ligne diametrale, qui est supposée de neuf pieds par la ligne perpendiculaire de la clef de ladite voûte sur la ligne tenduë qui en donnera quatre & demy ; & ce sera le pourtour, lequel estant multiplié par la longueur de la voûte fera un produit.

Les reins desdites voûtes seront comptez pour le tiers dudit produit.

Les voûtes d'airestes & à lunettes se thoiseront comme dessus, à l'exception des reins qui ne vaudront que le quart du produit de la voûte.

Les airestes desdites lunettes se thoiseront par leur longueur seulement jusqu'à trente-six pieds pour faire une thoise.

Les dosserets & demy-dosserets se thoisent depuis le dessous des retombées jusqu'en leurs fondations sur la moitié de leur pourtour, & les pilliers qui portent les voûtes d'airestes aussi.

Les murs d'eschif qui auront seruy à faire lesdites lunettes, se thoiseront comme s'ils estoient existents par leur longueur & hauteur, thoise pour thoise.

Les voûtes en anse de pannier & surbaissées, par leur longueur & pourtour comme dit est. Reins & airestes, Idem.

Les terres massiues se thoisent par leur longueur & largeur sur la hauteur, de laquelle hauteur il faut rabatre la sixiéme partie; & il arriue vn produit d'vne ou de plusieurs thoises selon les mesures données, mais il faut que chacune thoise soit composée de deux cens seize pieds cubes, & chacune thoise vaut thoise, comme vn mur.

Ce qui se fait pour la thoise cube de terre, se fait aussi pour la maçonnerie qui se trouue cube, puis qu'il faut six pieds en tout sens pour faire vne thoise cube.

Les puis soit en figure ronde, soit en ouale, se thoisent par leur hauteur depuis le dessus de la mardelle, & compris mesme vne face iusques sur le roüet qui est au fond d'iceux, & ce sur leur pourtour, qui se prend du dedans œuure dudit puis au dehors par la ligne diametrale, laquelle se multipliant trois fois, fait ledit pourtour pour les puis en figure ronde, & pour ceux en ouale mesme operation, hors qu'il faut prendre les deux diametres, & ne prendre que la moitié du produit deuant que de tiercer pour ledit pourtour.

Les éuiers se thoisent par leur longueur seulement, & chacun pied est éualué à six pieds quarez.

Les assises de pierre sous les cloisons & maçonnerie au dessous se thoisent pour mur, quelque peu épaisses qu'elles soient.

Les scellemens de trapes des descentes de caues pour douze pieds.

Les perrons se thoisent par leur pourtour sur la longueur de la marche du milieu, & vont thoise pour thoise ; le massif au dessous par sa longueur & largeur sur l'épaisseur d'un pied, s'il n'est dit qu'ils seront thoisez cubiquement.

Les parapets se thoisent longueur par largeur, & valent thoise pour thoise.

Les murs d'appuy d'iceux se thoisent pour l'ordinaire à thoise courante, s'il n'est dit autrement par un devis ; & alors s'ils estoient thoisez hauteur par longueur, on ajoûteroit la moitié de la face du bahu sur la hauteur donnée.

Quand on veut thoiser autrement qu'aux Vz & Coustumes de Paris, il faut specifier par un devis la condition auec laquelle on entend thoiser, & dire que les murs quoy que remplis d'Architecture, pans de bois, thuiaux & manteaux de cheminées qui en auroient, ne seroient neantmoins thoisez, ains seulement les corps desdits murs, pans de bois, thuiaux & manteaux, qui tous se thoiseroient depuis l'extremité du haut d'iceux iusqu'à leur pied, & sans rabatre aucun vuide. C'est ce qu'on peut appeller thoise quarée superficielle, & non bout auant & sans retour, comme quelques-vns l'ont pretendu.

Plusieurs croyent que quand ils ont statué par vn deuis qu'il ne sera thoisé aucune saillie par tous ces endroits, encore qu'il en fust fait, quelque prix qu'ils donnent de la thoise, qu'ils ont meilleur marché qu'autrement ; Cependant il est certain qu'ils payent tout autant, & quelquefois dauantage, que si l'on thoisoit lesdites saillies apres le corps desdits murs; Tous Entrepreneurs estants assez éclairez pour sçauoir à combien la thoise leur peut reuenir, les saillies y comprises, sans qu'elles soient thoisées, & le gain qu'il faut faire sur icelles; De sorte qu'on peut dire que cette maniere de thoiser ne sert qu'à soulager l'esprit de celuy qui a fait bâtir lors du thoisé, dautant qu'il voit plus clair en une hauteur & une largeur, que quand il faut thoiser tous ces membres d'Architecture apres coup où il ne connoist rien.

Il faut icy obseruer, pour leuer un autre doute qui fait naistre assez souuent des procez, que toutes saillies qui sont sur un corps de Massonnerie, quand elles se thoisent, doiuent suiure le prix de la thoise, sçauoir si c'est mur de pierre de taille, les saillies sur iceluy doiuent aller au mesme prix; si c'est sur simple massonnerie, de mesme, sur pans de bois & cheminées, idem ; & ainsi cela fera éuiter contestation, & tout doit rouler sur le prix qu'il faut concerter auparauant auec gens connoissans & de probité.

LA MANIERE ET FAÇON
de thoiser les Couuertures de thuilles, selon les Vz & Coustumes de Paris.

Quand on mesure vne couuerture, l'on prend auec la ligne le pourtour depuis l'vn des bords de l'égoust iusqu'au bord de l'autre égoust, passant pardessus le faiste, auquel pourtour on adjoute vn pied pour le faiste, & aussi vn pied pour chaque égoust s'ils sont simples, mais deux pieds pour chacun égoust, s'ils sont doubles pointes, ou composez de cinq thuilles chacun, que l'on multiplira par la longueur de la couuerture, à laquelle longueur il faut aussi adjouter deux pieds par les demy ruellées des bouts, le produit donnera le contenu de la couuerture.

Quand le bâtiment est couuert en

crouppe, la coustume est de mesurer par le milieu de la couuerture, en tournant tout autour, y adjoutant vn pied pour chaque ruellée d'arretieres, que l'on multiplie par le pourtour passant pardessus le faiste, à commencer du bord d'vn des égousts iusques à l'autre, comme il est dit cy-dessus, le produit donnera le double du contenu de la couuerture.

Ou bien on la mesure comme si elle auoit deux pignons & tout quarrement, sans considerer les crouppes, & pour lors cette façon supplée aux crouppes que l'on ne mesure point.

On mesure les couuertures toutes plaines, encore qu'il y eut des lucarnes ou œils de bœuf, lesquels se comptent à part, que l'on adjoute auec le premier produit.

Si aux bouts des couuertures se rencontrent des solins, c'est à dire le plâtre qui enclaue les premieres thuilles contre les murs, au lieu de ruellées ils se compteront de mesme pour vn pied.

Le battelement & pente des goutieres, vont aussi chacune pour vn pied.

Vne veuë de faistiere est éualuée pour six pieds quarez.

Vn œil de bœuf commun dix-huit pieds, qui est demie thoise.

Vne lucarne Damoiselle éualuée à demie thoise.

Vne lucarne Flamande éualuée à vne thoise ; & quand il y a vn fronton au dessus, est éualuée à vne thoise & demie.

Chaque posement de goutiere d'vn pied courant, vaut vn pied courant, & les autres mesures à proportion.

Vn égoust en pointe va pour deux pieds.

Les arretieres vont pour vn pied.

Vn égoust quaré de cinq thuilles va pour deux pieds.

Vn égoust de trois thuilles tout simple pour trois pieds.

Le filet est compté pour vn pied, c'est ce qui aboutit contre le mur.

Les pantes des chenaux de plomb vont pour vn pied.

THOISE' D'ARDOISE.

LA thoise des goutieres.
Les égousts pour demy pied tels qu'ils soient.

Arretieres vn pied.

Le solins vn pied.

Il n'y a point de ruellée à l'ardoise.

Les œils de bœuf pour demie thoise.

Lucarne Damoiselle demie thoise.

Lucarne Flamande vne thoise, & quand elle est ornée de son fronton, vne thoise & demie ; l'on ne compte rien pour le faiste, quand il seroit couuert de plomb ou non.

LA MANIERE DE THOISER
les bois aux Vz & Coustumes de Paris.

PRemierement du bois de 3. poulces, de gros, il en faut pour vne

piece	8 thoises.
3 & 4	6 thoises.
3 & 5	4. th. ½
4	4
4 & 5	3
4 & 6	3
4 & 8	2 th.
6	2
5 & 7	2 th.
4 & 9	2 th.

Vne Thoise.

De 6 & 8	vaut	2 tiers de piece.
De 6 & 9		3 quarts.
De 6 & 10		1 piece. ⅓
De 6 & 12		1 p.
7 & 9		v. 1 piece.

7 & 10   v. 1 p.
7 & 12   v. 1 p. 1/4
10 p.   v. 1 p. 1/2
11 p.   v. 1 p. 3/4
De 8 po. de gros.   1 p.
De 8 & 12   1 p. 1/5
De 8 & 11   vaut 1 p. 1/4
De 9   1 p. 1/8
De 9 & 10   1 p. 1/4

Vne Thoise.

6 & 15   vaut 1 piece 1/4
9 & 12 pouc.   1 p. 1/8
10 & 12 p.   1 p. 2/3
11 & 12   1 p. 1/2 & 1/11
12 p. de gros.   2 p.
12 & 14   2 p. 1/5
12 & 15   2 p. 1/2
12 & 16   2 p.
12 & 17   2 p. 3/4
12 & 18   3 p.
12 & 19   3 p. 1/12
12 & 12   2 p.
13 de gros.   v.   2 p. 1/2

FRANÇOISE.

13 & 14	v. 2 p. 2/3
14 p. de gros,	v. 3 p.
14 & 15	3 p.
15 po. de gros,	3 p. 1/8
15 & 16 p.	3 p. 1/3
15 & 18 p.	3 p. 1/4
15 & 20	4. p. 1/2
De 16 p.	v. 4 p.
De 16 & 17	v. 4 p. 1/4
16 & 18	4 p. 1/4
De 17 de gros,	v. 4 p. 1/2
17 & 18	4 p. 1/3
18 de gros,	5 p.

Vne Thoise.

18 & 19 pouc.	vaut 5. p. 1/4
18 & 20	5 p. 1/3
19 pouc. de gros,	5 p. 1/2
19 & 20	5 p. 3/4
20 pouc de gros,	6 p.
20 & 21	6 p. 1/4
21 & 22	7 p.
22 & 23	7 p. 1/2
23 pouc.	8 p.

Nota.

Qu'en faisant marché des bois selon les longueurs & grosseurs employées, il faut signifier dans le devis toutes les grosseurs desdits bois, ainsi que l'on desire qu'elles soient mis en œuvre, & mettre dedans ledit marché, qu'en cas qu'ils employent lesdits bois plus gros, il ne sera rien compté pour la plus grosseur; & si le susdit bois est de moindre grosseur que celle énoncée dans le marché, il sera déduit dautant sur ledit marché.

Nota 2.

Aux V₂ & Coustumes de Paris, Cinq pieds de bois mis en œuvre sont comptez pour six pieds.

Six pieds & demy vont pour 7 ½

8. pieds passent pour 9. pieds.

10. pieds, pour 10 ½

11 pieds passent pour 12 pieds.

13 pieds, pour 13 ½ p.

14 pieds, pour 15 pieds.

16 pieds pour 18 pieds.
22 pieds pour 4 thoises.

Toutes ces mesures se comptent ainsi, parce que tous les bois qui se debitent dans les forests sont de 6 pieds de 9. de 10 $\frac{1}{2}$ p. 12 p. 13 $\frac{1}{2}$ p. 15 p. 18 p. 21 p. & thoises.

Nota, qu'en thoisant les balustres d'vn escalier on les éualuë s'ils sont quarrez à deux balustres pour pieces tournez, il en faut quatre pour piece.

DV PRIX QVE LA PIERRE de taille couste à tailler, & les libages à piquer quand on les fait faire par des Tailleurs de pierre.

LA pierre couste plus ou moins à tailler, selon le temps & la saison en laquelle on la fait tailler; car si c'est en temps d'Esté, & qu'il y ait beaucoup d'Atteliers ouuerts, elle couste beaucoup plus; & encore si c'est à la iournée du Bourgeois, c'est vne grande peine, car les Ouuriers ne font pas pour la pluspart que la moitié de l'ouurage qu'ils deuroient faire, & font encore moins lors que le vin est à bon marché, car beaucoup s'en donnent au cœur joye; & apres on est bien empesché pour leur faire faire leur denoir.

D'autre costé s'ils trauaillent à la tâche, ils en font beaucoup, mais ils ne le font pas si bien, & la pluspart trauaillent beaucoup afin de beaucoup boire, & faire plus de débauche.

Toutesfois il y a encore plus de gain de les faire trauailler à la tâche qu'à la iournée, pourueu qu'on sçache bien le prix de la thoise de parement selon la pierre que l'on fait trauailler, & comme on la veut faire tailler.

D'ordinaire à Paris & en beaucoup d'autres lieux, l'on marchande à la thoise de parement de la hauteur que la pierre peut porter, comme icy nostre cliquart ne peut porter qu'vn pied de haut pour estre bien ; d'autres porter 14. 15. 16. iusques à 18. & 20. pouces de haut, comme la pierre d'Arqueüil : Or six pieds de long de parement de l'vne des hauteurs de ces pierres, est vne thoise de parement ; car on ne thoise jamais que les parements, c'est à dire ce qui se

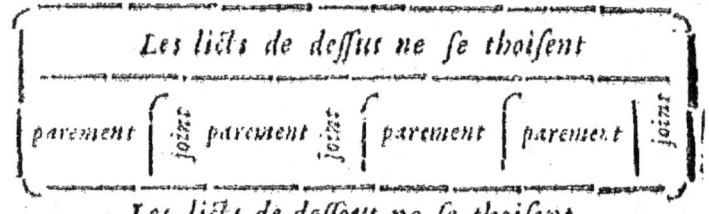

doit voir ; car les licts ny les joints ne se thoisent point, comme il se peut voir à la figure cy-dessus, où il y a six pieds de long de parement de pierre sur vn pied de haut ; quand elle en auroit 15. ou 16. pouces de haut, elle ne se compteroit toûjours que pour vne thoise de parement, si ce n'est d'auanture des parpins, c'est à dire que la pierre porte toute l'épaisseur du mur, & qu'elle soit aussi bien taillée par dedans comme par dehors, en ce cas elle se thoise deux fois, & au lieu d'vne thoise elle en vaudroit deux ; pareillement si la pierre à trois ou quatre paremens comme des pilliers de caue, ou bien des pieds droits de portes ou de croisée ou de vitraux d'Eglise, en ce cas pour les thoiser on les ceint auec la ligne tout autour des paremens, puis on voit combien il y a de thoises & de pieds.

Faut maintenant faire voir la difference qu'il y a de taille de pierre à taille de pierre, afin qu'on puisse iuger du prix; car il est certain qu'il faut mieux trauailler, & sans comparaison plus proprement quand on taille les pierres d'vn portail d'Eglise, où il se trouue des pieds d'estaux, des bases, des colomnes & des pilastres, & autres Architectures, que de faire simplement des assises par bas d'vn simple logis, ou bien des iambes sous poutres, ou des pieds droits de simples portes & croisées, encore que l'une & l'autre desdits Ouurages soient faits de pareille pierre ; Car dans les premiers, il faut que les lits & les paremens des pierres soit proprement ébauchez & piquez, & bien dressez, & l'on rippe la pierre auec vn fer qu'on appelle vne rippe, puis apres on a vn fer à retondre bien delié, & l'on le passe proprement & doucement, en sorte que les petites dents du fer parroissent toutes à plomb, & proprement changez & égalez comme s'ils estoient compassez, & bien delicatement, car le fer doit auoir les dents bien deliées ; mais au lieu de ripper, si on trouue meilleur de la bien trauerser, c'est qu'il faut derechef bien releuer les ciselures tout autour, & auec vn bon marteau, ayant les dents ou bretures bien delicates faut la trauerser, en sorte que les trauersures ostent tous les coups de la laye, & que lesdits trauersages estans faits à petits coups, paroissent tout à plomb comme compassez. En cette façon estant bien faire est plus longue, que la faire à la rippe.

Faut aussi sçauoir quand on marchande aux Tailleurs de pierre à la tâche, qu'il les faut obliger à ragréer sur le tas à leurs pierres tout ce qu'il faudra retondre ou ragréer, autrement on auroit bien de la peine ; car comme ils ont grand haste, ils passent au gros, s'ils n'ont d'auenture vn bon Appareilleur qui prenne soigneusement garde sur leurs ouurages, & leur fasse regréer & bien finir ce qu'ils doiuent faire selon leur marché.

C'est pourquoy tous les beaux Ouurages se font presque tous à la iournée, en choisissant des meilleurs Ouuriers, & si on ne les presse pas beaucoup, mais aussi la besongne couste bien dauantage ; car quand il faut pousser de l'Architecture, faut necessairement qu'elle soit bien trauaillée & bien entenduë, & cela ne se peut guere bien faire à la haste, comme font d'ordinaire tous les Ouuriers qui trauaillent à leur tâche, encore qu'ils en ayent bon prix ; & quoy qu'ils y gagnent, ils veulent & tâchent à gagner toûjours dauantage ; ce n'est pas qu'il ne s'en trouue quelques-vns qu'ils ne fassent aussi bien à leur tâche comme à leur iournée, encore qu'ils y deussent perdre ; c'est pourquoy quand on les rencontre, & qu'on voit qu'à leur tâche ils ne gagnent pas leur iournée, il semble qu'on soit obligé de les recompenser, ou de leur payer leur iournée honneste, comme font la plus grande partie des Maistres Massons de Paris, & les plus honnestes Bourgeois.

Notta, Qu'en la taille de la pierre l'on compte ordinairement sept parements tant grands que petits pour deux thoises.

MEMOIRE DES OVTILS
de Tailleurs de pierre & Maſſons.

DEux Marteaux à taillant.
Deux Rifflars.
Quatre Gouges differentes.
Vne Rondelle.
Deux Repouſſoirs.
Vne Eſquierre.
Trois Ciſeaux.
Vn Teſtu.
Vn Deſcintroüer.
Vn Greſlet.
Vne Truelle à plaſtre.
Vne Truelle bretée.
Deux Fers à retondre.
Deux Aulges.
Deux Regles.
Vn Niueau.

DU VERRE TANT DE FRANCE que de Lorraine, & de son prix, & comme il se vend.

La pluspart du Verre de France se fait en Normandie dans la Forest de Lions, qui est à dix-huit ou vingt lieuës de Paris. Il se vend au pannier dans lequel on l'apporte à Paris, qui se nomme aussi vne Somme, pource que c'est la charge d'vn homme.

En la somme ou pannier, il y a 24. plats ou pieces de verre qui sont rondes, & qui ont chacun enuiron deux pieds deux ou trois pouces de diametre, en telle sorte que si ils sont entiers & point cassez, l'on y pourra prendre prés de quatre pieds quarrez de verre au plus, car au milieu il y a vn boudin qui rabat plus d'vn quart de pied quarré de verre ; tellement que dans vne somme ou pannier on ne peut faire qu'enuiron quatre-vingts dix ou quatre-vingts quinze pieds quarrez au plus, encore faut-il qu'ils soient bien ménagez; car autrement on aura de la peine à en trouuer quatre-vingts pieds.

La somme ou pannier est plus ou moins cher, selon le temps qu'on en fait & qu'il en vient beaucoup, & selon qu'il est beau, & se vend depuis 12 iusques à 18 ou 20 liures tournois.

Quand la somme ou pannier ne couste que douze liures, posant le cas qu'on ne pust faire que 80 pieds au pannier, le pied ne reuient qu'à trois sols le pied.

Si le pannier couste 15 liures, le pied reuient à 3 sols 9 deniers.

Mais si il coustoit 18 liures, le pied reuiendroit à 4 sols 6 den. à quoy faut encore adjoûter les frais qu'il couste pour le rendre au logis du Vitrier.

Il y a des panniers où les plats ont 2. pieds 6. 7. à 8. pouces de diametre;

FRANÇOISE.

en ce cas les plats n'estant point cassez, on y pourra prendre à chaque plat environ cinq pieds quarrez, peu plus ou moins, selon la grandeur.

Du Verre de Lorraine.

Le verre de Lorraine se vend au ballot, & dans chaque ballot il y a vingt-cinq liens, & en chaque lien il y a six tables de verre, chacune desquelles contient environ deux pieds & demy de verre en quarré, tellement qu'en un ballot il se trouuera enuiron 360 pieds quarrez de verre.

Le ballot qui ne coustoit autrefois que 18 à 20. liures, en couste maintenant 48 à 50 liures, & si la plus grande partie des tables sont cassées, à cause qu'il faut charrier & décharger pour le mettre dans le basteau, & derechef le décharger, & faire mettre dans des charettes, puis remettre sur l'eau, & si il n'en vient plus de Lorraine, les guerres ayant tout ruiné ; mais quand il vient, c'est du pays de Niuernois par la riuiere de Loire, & par le Canal de Briarre ; il est tres-laid, & plain de nœuds & grauiers, estant jetté en sable, & l'on a de la peine en auoir, ou autrefois quand il venoit de Lorraine, il estoit beau & fort, & d'vne bonne espaisseur pour les ménagers qui ont des enfans qui cassent trop aisément le verre de France; Aussi il estoit propre aux lieux qui estoient exposez aux grands vents & gresle.

Maintenant quand il en arriue à Paris de celuy qui vient de Niuernois, les Vitriers vendent le pied autant que le verre de France, encore qu'il ne couste pas tant, à cause qu'il est plus mal-aisé à tailler, pour ce qu'il est plus espais & plus rude, & qu'il s'y trouue beaucoup de déchet, comme il a esté dit cy-dessus, & aussi qu'il faut dauantage de plomb, à raison de l'épaisseur qui est plus grande que celuy de France.

Au reste le verre de France se vend d'ordinaire mis en œuure 7 sols le pied quarré de 12 pouces sur 12 pouces, produisant en son quarré 144 pouces, & non comme ont dit quelques-vns que les Vitriers auoient vn pied particulier qui ne contenoit que 10 en sa longueur, & en son quarré 100 pouces; d'autres ont dit qu'il estoit encore plus petit, & qu'il n'auoit que huit pouces sur huit pouces, & en son quarré soixante-quatre, de sorte qu'à ce compte le pied de verre mesuré à cette mesure ne vaudroit pas demy pied du pied de Roy ordinaire, qui est de 12. pouces sur 12. pouces; C'est pourquoy quand l'on fait marché auec quelques Vitriers des champs il luy faut dire, car ceux de Paris ne thoisent ny ne mesurent iamais autrement qu'auec le pied de Roy de 12. sur 12. pouces.

Reuenant au prix du verre de France, le pied quarré se vend d'ordinaire sept sols, & sept sols six deniers pour le verre des croisées communes ; Mais presque tous les Vitriers font ce deffaut, c'est qu'ils tirent & font le plomb si tenuë & si mince, que l'ouurage ne vaut pas, ny ne dure pas à moitié que si elle estoit faite de bon plomb d'vne bonne espaisseur ; car incontinent que les vents ont ébranlé ces vitres, & que les liens sont rompus, les vitres se battent & se gastent, & tout cela est pour épargner enuiron trois liures de plomb sur chaque croisée de 9. pieds de haut, & de 4. pieds & demy de large, au verre de laquelle, qui est enuiron de 24. à 25. pieds, ils employent ordinairement douze liures de ce méchant plomb mince, ou s'ils le faisoient plus épais, il en faudroit enuiron quinze liures ; Il vaudroit bien mieux le vendre huit sols le pied, & faire de bon ouurage bien à profit.

Dans les belles chambres & cabinets de consequence, il faut faire trier & choisir le plus beau verre, & le faire mettre en de bon & fort plomb, & le payer bien, en ce cas il vaut au moins dix sols le pied de verre blanc.

Le verre qu'il faut pour les chassis à petits carreaux, ne se vend au pied quaré, mais à la piece de carreau, qui est plus au moins cher, selon que les pieces sont plus au moins grandes, & qu'on en peut prendre dans vn plat de verre; si les pieces ont cinq pouces d'vn costé sur six pouces de l'autre, l'on en pourra prendre dix au plat ou enuiron, & en ce cas ils valent trois sols six deniers, ou quatre sols la piece, & ainsi à proportion s'ils estoient plus grandes ou plus petites.

Vn bon Vitrier fait en vn iour d'Esté les dix panneaux croisées, & en Hyuer à veiller.

VALEVRS DES VITRES du petit Cloiſtre des Peres Chartreux de Paris en 1640.

CHaque vitre contient 18. pieds quaré de ver blanc, à raiſon de dix ſols le pied.　　　　　　　9. liu.

En verre peint d'appreſt aux bordures, 7. pieds quaré & 10. pouces de pied, & quatre pouces quaré (qui eſt vn tiers de pouces de pied) à raiſon de quarante-cinq ſols le pied dudit verre peint, valent　　　　　　　17. liu. 13. ſ. 9. d.

Plus pour l'Hermite peint d'appreſt dans vn quaré au milieu du vitrage, de marché fait　　　　　　　3. liu.

Somme pour vne vitre couſte
　　　　　　　29. liu. 13. ſ. 9. d.

Partant les quarante-ſix vitres du pourtour du Cloiſtre couſtent la ſomme de mil trois cens ſoixante & cinq liures douze ſols ſix deniers.

DV

DV PAVE' DE GRE'S.

Depuis l'année 1649. iusques à la presente année 1653.

L'on donne pour asseoir le gros paué d'ordinaire vingt-cinq sols, à ne fournir que de peine : Du petit paué fendu du gros en trois ou quatre, l'on en donne de peine vingt-cinq sols à fournir tout par le Bourgeois, chaux, sable ou ciment.

Le boisseau de ciment couste trois sols ou trente-six sols le septier porté sur le lieu par pauures gens qui la baient par endroits de la Ville ; Ils en portent quatre boisseaux dans leur grande hotte.

Les sacs de ciment d'ordinaire trois boisseaux, quatre sacs au septier.

Vn Chartier en peut mener depuis quatre iusques à six septiers, s'il a deux cheuaux.

Quant on le va querir sur le lieu, le septier ne couste que trente sols.

Pour un septier de ciment faut un minot de chaud; & c'est iustement ce qu'il faut pour en faire une thoise.

Un Paueur en trois iours a taillé neuf cens de petits pauez: Des éclats du clicart à dix-huit sols du cent, il en faut enuiron cent quarante-quatre ou cent cinquante pour faire une thoise quarrée.

Un Chartier peut mener soixante-quinze de gros pauez à deux cheuaux moyens.

THOISE' D'ARDOISE.

LA thoise des goûtieres.
Les égoux pour demy pied tels qu'ils soient à retirer vn pied.
Les soles vn pied.
Il n'y a point de ruillée à l'ardoise.
Les yeux de bœuf pour demy thoise.
Lucarne Damoiselle demy thoise.
Lucarne Flamande vne thoise ; & quand elle est armée de son fronton, vne thoise & demie.
L'on ne compte rien pour le faiste, quand il seroit couuert de plomb ou non.

DE LA FOUILLE DES TERRES

massives, & de ce qu'elles peuuent coûter pour chaque thoise cube, & thoise courante, tant à piocher, & à charger & transporter à la hotte, & au tombereau, qu'à la jetter simplement sur le bord du trou, ou de la fondation, pris par exemple sur diuerses experiences.

Les tranchées des terres sont plus ou moins mal-aisées à piocher & foüiller, selon l'endroit où il les faut faire, & la qualité de la profondeur ; car s'il faut foüiller en vn lieu où il y ait eu vn grand chemin qui n'ait iamais esté paué, & qu'il y aye des arbres autour & sur le bord, la foüille en est bien plus difficile à cause des grauois que l'on y peut auoir mis pour amender le che-

min, & des racines des arbres qui se sont enliez parmy les terres & les gravois.

Pareillement la foüille est aussi difficile quand le tuf est proche, & qu'il n'y a que deux ou trois pieds jusques audit tuf, ou bonne fondation. Car si on veut par exemple faire la vuidange des terres massiues pour faire les caues d'vn bastiment qui ait six toises de long & quatre de large, le tout hors œuures, ou de dehors en dehors, & qu'il faille foüiller neuf ou dix pieds pour ladite profondeur, posons neuf pieds, ladite vuidange sera de trente-six thoises cubes, dont il y en aura enuiron le tiers pour les premiers trois pieds qui seront bien faciles ; mais depuis le tuf en embas, les deux autres tiers seront plus difficiles ; & s'il arriue que le tuf soit dur & pierreux, ou tuf mastiqué, qu'on appelle, la foüille en est tres-difficile : Il est vray qu'il y a des lieux où ledit tuf n'a qu'enuiron vn pied d'épaiſſeur, & aprés il ſe trouue ou du ſable ou de la terre blanche, ou autre choſe molaſſe, en ce cas la foüille en eſt bien moins chere, mais auſſi on a quelquefois bien de la peine à trouuer vn bon fonds pour aſſeoir les murs ; car depuis que le premier tuf eſt caſſé, il faut en quelques endroits foüiller iuſques à quinze & vingt pieds & plus, ſelon les lieux, & parfois l'on eſt contraint de pilloter.

Mais ſi la foüille des terres eſt pour faire les fondations de quelque gros mur qui aye depuis trois pieds & demy iuſques à quatre pieds de large, & qu'il y ait enuiron ſix pieds de profondeur iuſques ſur le tuf l'vn portant l'autre, ou quelqu'autre mur qui ait moins d'épaiſſeur, & qu'il faille ſeulement jetter la terre ſur le bord de la fondation, ladite foüille ſera bien à meilleur marché, comme on le verra dans les exemples qui ſuiuent.

Premiere Espreuue.

Vne place contenant huit toises de long, & trois thoises de large, & quatre pieds & demy de hauteur, l'vn portant l'autre de terres, qu'il a falu oster & transporter auec des tombereaux à trois cens pas delà, & assise sur vn chemin qui auoit esté rehaussé plusieurs fois de caillonnages & grauois, & des arbres sur le bord où les racines estoient bien enliées parmy lesdites terres, ce qui a rendu la terre fort mal-aisée à piocher, & dans ladite terre il s'est trouué tant en terre qu'en moilon dix-huit thoises cubes, sçauoir trois thoises de moilon qui a esté laissé là auprés, & quinze thoises qui ont esté transportées, comme il est dit, à trois cens pas de là, par le moyen de deux grands tombereaux, tenans chacun vingt-quatre pieds de terre remuée, & seulement seize pieds de terre massiue, auant que d'estre remuée ; car la terre augmente en volume à cause qu'elle est dilatée, & qu'elle n'est plus compressée, dont l'vn desdits tombereaux estoit toûjours en charge, pendant que l'autre estoit en chemin, & ladite vuidange a esté faite en sept jours, & chaque jour cinq manœuures, tant pour piocher que pour charger ; mais le Chartier n'a charié que six iours, menant par iour trente tombereaux, par fois trente-vn, valant deux thoises & demie de terre cube par iour : Or pour voir combien reuient chaque thoise cube à mener audit lieu les six iournées des trois cheuaux & du Chartier, ie la compte à sept liures pour les six iournées, c'est quarante deux liures, & les trente-cinq iournées de manœuures à douze sols par iour, valent encore vingt-vne liures, qui valent auec les quarante-deux liures, soixante-trois liures pour tout le transport desdites quinze thoises de terre, c'est quatre liures quatre sols pour chaque thoise cube. Sur ledit exemple on peut voir à proportion du lieu où il faut mener la terre, combien on en peut mener par iour; Que si l'on auoit fait ledit transport auec des hommes à la hotte, il auroit cousté presque le double; car vn tombereau emporte vingt-quatre hottées, & trente tombereaux valent sept cens vingt hottées, qui seroit tant que vingt-quatre hommes pourroient porter en vn iour.

Deuxiéme Espreuue.

Vne place de trois thoises de long, & deux de large, qu'il a falu creuser de trois thoises de profondeur, pour faire vn cloaque qui ait dix-huit thoises cubes à oster, marché fait auec des terraciers à porter le tiers des terres, qui est six thoises, à quarante pas delà, & les autres deux tiers les mettre sur le bord du trou; & le trou estant vuide, ils estoient tenus d'y apporter des petites pierres, qui estoient à soixante pas du trou, & en mettre vne thoise de haut qui valent six thoises cubes, & apres ils deuoient rejetter & remplir le trou de la terre qui estoit sur le bord, & le marché moyennant cinquante-quatre liures, qui estoit vn escu pour thoise cube, & le terracier croyoit auoir bien attrapé celuy qui luy auoit marchandé; & en effet si la foüille n'eust pas esté si mal-aisée, la thoise n'eust valu que quarante-cinq sols; mais apres auoir foüillé les premiers six pieds, qui estoient des terres noires, apres il se trouua vn tuf mastiqué si dur, qu'à grande peine en pouuoit-on arracher à grands coups de marteau; & il s'en trouua six pieds de profondeur de cette sorte, qui estoit plûtost coupper de la pierre, que foüiller de la terre, les derniers six pieds n'estoient pas du tout si durs, mais ils estoient tres-difficiles, en sorte que le pauure Terracier eust beaucoup de peine à y gagner leurs petites iournées auec ses gens à prix.

Troisiéme Espreuue.

Estoit la fondation d'vn mur, c'est à dire la tranchée de trois pieds & demy, & de quatre pieds de large par endroits, qui par la profondeur estoit fort diuerse, car à des endroits il y auoit depuis neuf pieds iusqu'à quinze pieds, & ailleurs enuiron la moitié, auoit de cinq, six à sept pieds de creux : Quoy qu'il en soit toutes les terres massiues se sont montées à quatre-vingt treize thoises & demie, dont quinze thoises ont esté transportées à la hotte enuiron à vingt pas de là, & tout le reste a esté jetté sur le bord de la fondation. Or pour faire ladite vuidange à tasche, il y a eu deux cens iournées d'hommes qui ont cousté cent trente-huit liures ; sçauoir cent cinquante-cinq iournées à douze sols, & quarante-cinq à raison de vingt sols, somme la thoise reuient à vingt-neuf sols huit deniers, & si la terre estoit aisée à piocher, mais c'est à cause de la profondeur ; car d'ordinaire la thoise cube n'ayant que six pieds de profond, ne vaut que vingt sols à ne la jetter que sur le bord de la fondation.

Mais quand l'on veut faire transporter les terres au loin à la hottée, faut faire espreuue combien vn homme en pourra porter de hottée en vne heure, le faisant charger comme il faut & également, & faire son compte ; car il y a quatre cens hottées de terre mediocrement chargées à vne thoise cube ; l'ay veu vn Terracier qui a fait faire des hottes exprés, & qui aidoit à charger à fond, en ce cas en 320. hottées ils en portent vne thoise cube, & en vne heure vn homme portoit quinze hottées de terre à cent pas loin du fossé, en chemin plat ; partant un homme en douze heures peut porter 180. hottées, pourueu qu'on y prenne garde, & qu'il n'attende point à la charge ; & adjoûtant les frais de la foüille & de la charge, on verra combien peut reuenir la thoise cube à transporter, selon la longueur du chemin où il la faut transporter.

Vn trou de carriere de sept thoises de profondeur, & d'vne thoise de diametre à vne carriere déja ouuerte, couste vingt à vingt-vne & vingt-deux liures, & à le remplir vaut quatre liures sans estre nourry, faut enuiron six iours d'hommes pour la remplir, & ainsi couste plus à foüiller & à remplir, selon qu'il est profond.

Quatriéme Espreuue.

Vne place contenant cinq thoises de long, & trois de large, valant quinze thoises de superficie à creuser de quatre pieds de bas, en vn lieu où estoit vn grand chemin passant, s'est trouuée si dure & si mal-aisée à foüiller, que trois forts terraciers tres-experts en telles vuidanges, n'en sçauoient vuider en vn iour, à la porter sur le bord, qu'enuiron demie thoise, & deux hommes ne pouuoient piocher que la moitié de terre de ce qu'vn homme pouuoit porter, & apres auoir trauaillé enuiron trente iournées en ladite place auec grande peine, enfin se sont auisez de separer leur largeur en deux,

éleuation. faisant vne petite tranchée d'enuiron trois ou trois pieds & demy de creux, & d'enuiron demy pied de large, & faire à chacun vne petite entaille pour faire des pesées, en mettant vne soliue de 9. ou de 12. pieds, selon la place qu'on peut, & mettant quelque bois dessous, se mettoient tous trois sur le bout de leur soliue les pieds dessus, & dançant en baculant de haut en bas, ils en enleuoient de morceaux gros comme des muids & plus,

FRANÇOISE. 431

& par ainsi ils ont continué, & ont gagné leur vie à raison de quarante-huit sols, la thoise cube valant deux cens seize pieds, & auec cette inuention ils en vuidoient bien en vn iour vne thoise & demie valant soixante-douze sols, c'estoit à chacun vingt-quatre sols, ou durant leur commencement ils n'en gagnoient pas chacun douze ; c'est pourquoy ne faut pas oublier à faire des pesées aux terres aisées & mal-aisées quand on peut auoir de la place.

Quand l'on a comme cela quelque vuidange à faire, c'est bien le meilleur de marchander à des Terraciers, que de s'amuser à des Manœuures qui n'entendent rien à cela.

Par espreuue faite en terre mal-aisée, faut trois hommes à piocher pour en charger vn en terre aisée : Vn homme fournira à piocher pour en charger trois.

Par vne autre espreuue, vn fort homme a porté en vne heure quarante hottées de terre aisée à dix thoises de là; & il dit qu'il pourroit continuer dix heures en un iour, & chaque hottée tenoit presque un pied cube.

La thoise courante de fondation de mur de closture de 2½ pieds de creux, vaut cinq sols.

La thoise quarrée pour planter des espalliers de trois pieds de creux, vaut dix à douze sols.

F I N.

Contraste insuffisant

NF Z 43-120-14

www.ingramcontent.com/pod-product-compliance
Lightning Source LLC
Chambersburg PA
CBHW070821250426
43671CB00036B/725